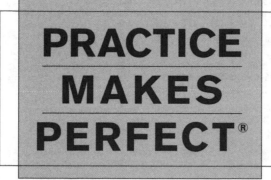

PRACTICE
MAKES
PERFECT®

Intermediate German Grammar

Ed Swick

Mc
Graw
Hill
Education

New York Chicago San Francisco Athens London Madrid
Mexico City Milan New Delhi Singapore Sydney Toronto

1 2 3 4 5 6 7 8 9 10 11 12 13 14 15 QVS/QVS 1 0 9 8 7 6 5 4 3

ISBN   978-0-07-180477-6
MHID   0-07-180477-3

e-ISBN 978-0-07-180478-3
e-MHID 0-07-180478-1

Library of Congress Control Number 2013930334

McGraw-Hill Education products are available at special quantity discounts to use as premiums and sales promotions or for use in corporate training programs. To contact a representative, please visit the Contact Us pages at www.mhprofessional.com.

This book is printed on acid-free paper.

Contents

Preface   vii

1 Nominative and accusative cases   1

    Nominative case   1

    Accusative case   6

2 Der-words, ein-words, and adjectives   12

    Der-words   12

    Ein-words   17

    Adjectives   21

3 Dative case   24

    Indirect objects   24

    Dative prepositions   29

    Prepositional adverbs   32

    Dative verbs   33

4 Irregular present tense conjugations   36

    Vowel change *e* to *i*   38

    Vowel change *e* to *ie*   40

    Irregularity by umlaut   41

    Haben, **sein**, and **werden**   43

5 Genitive case   46

    Possession   47

    Adjectives   48

    Genitive prepositions   50

6 Dative-accusative prepositions   52

    Dative case   52

    Accusative case   56

    Pronouns and prepositional adverbs   58

    Prepositions and verbs   61

7 Reflexive pronouns and plurals 63

Reflexive pronouns 63
Plurals 66

8 Prefixes 72

Inseparable prefixes 72
Separable prefixes 74
Verbs that combine with both separable and inseparable prefixes 77
Prefixes that are inseparable and separable 79

9 Irregular past tense conjugations 81

Irregular past tense 81
The verbs **haben**, **sein**, and **werden** 83
Prefixes 85

10 The perfect tenses 88

Prefixes 90
Irregular verbs 92
The verbs **haben**, **sein**, and **werden** 95

11 Modal auxiliaries and double infinitives 100

Modal auxiliaries in the past tense and with past participles 102
Double infinitives 103
The verbs **helfen**, **hören**, **lassen**, and **sehen** 105

12 Negation and imperatives 109

Negation 109
Imperatives 117

13 Word order and the future tense 120

Sentences that begin with the subject 120
Sentences that do not begin with the subject 121
Conjunctions that combine words, phrases, and sentences 126
Future tense 128

14 Comparative adjectives and adverbs 133

Comparative adjectives 133
Comparative adverbs 137

15 Superlative adjectives and adverbs 140

Irregular superlatives 141
Superlative adjectives that modify a noun directly 142

16 **Verbs with mixed conjugations** 146

Mixed conjugation verbs in the present tense 146
Mixed conjugation verbs in the past tense 147
Forming past participles with mixed conjugation verbs 149

17 **Numbers and numerals** 152

Cardinal numbers 152
Basic mathematics 154
Currency 157
Age 158
Ordinal numbers 160

18 **Relative pronouns** 163

Definite article form of relative pronouns 163
Using **welcher** as a relative pronoun 167

19 **Passive voice** 171

Formation of the passive voice 171
The preposition **durch** 175
Passive and the dative case 176

20 **Infinitive clauses** 182

Formation of infinitive clauses 182
Verbs that introduce infinitive clauses 185
Infinitive clauses as nouns 187
Prepositions commonly used with infinitive clauses 188

21 **Subjunctive mood** 190

Subjunctive I 190
Subjunctive II 194

22 **Sentence writing** 203

Declensions of Nouns 203
Declensions with pronouns 207
Verb conjugations 211
Clauses 214
Dialogues 216

Appendix: The principal parts of irregular verbs 219
Answer key 225

Preface

If you have previously covered the basics of the German language, this book is the proper next level for you. It is intermediate German and will provide some sophistications and new applications of concepts you already know along with several new concepts. The content is also appropriate for the readers who have had previous experience with German and wish to brush up their skills a bit.

If words or phrases used in the exercises are likely to be new to readers at this level, they will appear with their English translations provided in parentheses. For example:

> Wo ist der Flughafen (*airport*)?
>
> Ein Austauschstudent (*exchange student*) aus Amerika wohnt hier.

But all example sentences in German throughout the book are accompanied by their full English translation.

This series of books is called *Practice Makes Perfect*, and that is precisely what you will find here: an abundance of opportunities to practice the structures and concepts that are introduced. Before you are asked to complete an exercise, an explanation of the target structure or concept is provided. Often, an English example accompanies the explanation when the English and German concepts are similar. This makes understanding the German concept easier. For example:

> The English comparative is formed with an -**er** ending: *taller, bigger, funnier*. German does the same thing; an -**er** ending is added to make an adjective or adverb comparative: **schneller** (*faster*), **kleiner** (*smaller*), **breiter** (*wider*).

The kinds of exercises in this book are varied. Some require the change of a specific word or element in a sentence. For example:

> *Reword each sentence by changing the noun in bold to the one in parentheses. Make any other necessary changes. For example:*
>
> Kennen Sie den jungen Mann?
>
> (Frau) *Kennen Sie die junge Frau?*

Other exercises ask for a tense change.

> *Reword the present tense sentence in the past tense.*
>
> Die Kinder lernen Deutsch.
>
> *Die Kinder lernten Deutsch.*

In some exercises, words or phrases are added to a sentence.

> *Add an appropriate adjective to the following sentence.*
>
> Ich werde mit einem *alten* Freund sprechen.

and

> *Provide an appropriate clause to complete the sentence.*
>
> Sie wissen nicht, dass *Herr Bauer sehr krank ist.*

And when it is appropriate, multiple-choice exercises are included. The kind of exercise used is determined by the best way to practice a specific kind of grammatical element or concept.

The last chapter of this book contains exercises that include many different concepts in sentence writing. These exercises are an opportunity to create original sentences within certain guidelines. The goal of this last chapter is to give you plenty of room to experiment with your knowledge of German. A group of exercises unique to Chapter 22 asks for an appropriate response to a statement in a brief dialogue. For example:

> Ist dein Bruder noch hier in Berlin?
>
> *Nein, er arbeitet jetzt in Hannover.*

and

> Wohin geht Erik heute abend?
>
> *Er geht mit seiner Freundin ins Restaurant.*

Exercises such as these provide a vehicle for applying one's German skills in a practical, conversational environment.

The answer key to the exercises is at the end of the book. Sample answers are provided when original writing is required in an exercise. A complete list of irregular verbs is also included at the end of the book, which is an important resource for completing exercises with verbs accurately.

Remember, *Practice Makes Perfect.* **Übung macht den Meister.**

Acknowledgment

I would like to express the greatest of gratitude to Stefan Feyen for his generous help and suggestions.

Nominative and accusative cases

The subject of a sentence is the person, object, or condition that is carrying out the action of the verb in the sentence and is in the nominative case. This case is also used when a noun or pronoun is in the predicate nominative, which is the element that follows a linking verb.

Nominative case

The nominative case is used when a noun or pronoun is used as the subject of a sentence.

Nominative case with definite articles

When a noun is the subject of a sentence, the correct gender must be shown in the form of a definite article (**der**, **die**, or **das**). For example:

MASCULINE	**Der** Mann ist zu Hause.	*The man is at home.*
FEMININE	**Die** Lehrerin kommt mit.	*The teacher is coming along.*
NEUTER	**Das** Haus ist zu klein.	*The house is too small.*

If a noun is plural, its original gender plays no role in the nominative case, because all nouns use the definite article **die**.

Die Männer sind zu Hause.	*The men are at home.*
Die Lehrerinnen kommen mit.	*The teachers are coming along.*
Die Häuser sind zu klein.	*The houses are too small.*

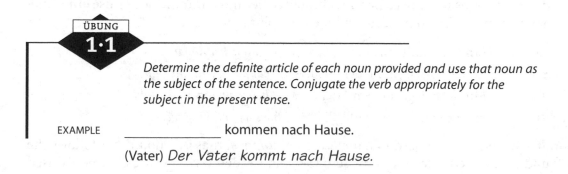

ÜBUNG

1·1

Determine the definite article of each noun provided and use that noun as the subject of the sentence. Conjugate the verb appropriately for the subject in the present tense.

EXAMPLE _____ kommen nach Hause.

(Vater) *Der Vater kommt nach Hause.*

_____ singen zu laut. (*sing too loudly*)

1. (Kind) _Das Kind singT zu laut_

2. (Lehrer) _Der Lehrer singt zu laut._

3. (Freund) _Der Freund singt zu laut_

4. (Frau) _Die Frau singt zu laut_

5. (Kinder) _Die Kinder singen zu laut._

_____ schreiben auf Deutsch. (*write in German*)

6. (Schülerin) _Die Schülerin schreibt auf Deutsch._

7. (Schülerinnen) _Die Schülerinnen schreiben auf Deutsch._

8. (Professor) _Der Professor schreibt auf Deutsch_

9. (Mutter) _Die Mutter schreibt auf Deutsch._

10. (Männer) _Die Männer schreiben a D._

_____ kaufen etwas. (*buy something*)

11. (Junge) _Der Junge kauft etwas._

12. (Mädchen) _Das Mädchen kauft etwas_

13. (Eltern) _Die Eltern kaufen etwas._

14. (Schwestern) _Die Schwestern kaufen etwas_

15. (Cousine) _Die Cousine kaufen etwas._

Nominative case with indefinite articles

The indefinite articles (**ein, eine**) can also modify a noun that is used as the subject of a sentence. Masculine and neuter nouns use **ein** as their indefinite article, and feminine nouns use **eine**. Like English, German uses *no article* to indicate an indefinite plural noun. ✓

MASCULINE	**Ein** Mann hilft uns.	*A man is helping us.*
FEMININE	**Eine** Katze spielt mit dem Ball.	*A cat plays with the ball.*
NEUTER	**Ein** Buch liegt auf dem Tisch.	*A book is lying on the table.*
PLURAL	Jungen spielen gern Fußball.	*Boys like playing soccer.* ✓

The nominative case is also used in a *predicate nominative*, that is, a noun that follows the verb and is found in the predicate. The verbs **sein** (*be*) and **werden** (*become*) are commonly used with nouns in the predicate nominative. They are something like an *equal sign*: the nominative case occurs on both sides of the verb.

Der Roman ist jetzt ein Film. (der Roman = ein Film)   *The novel is now a movie.*
Der Junge wird ein Mann. (der Junge = ein Mann)   *The boy becomes a man.*

ÜBUNG
1·2

Determine the indefinite article of each noun provided and use that noun as the predicate nominative of the sentence.

Ist das Gebäude _____? *(Is the building . . . ?)*

1. (Schule) _____ Ist das Gebäude eine Schule?
2. (Restaurant) _____ Ist das Restaurant eine Gebäude?
3. (Bahnhof [*railway station*]) Ist das G ein Bahnhof
4. (Gaststätte [*inn*]) _____
5. (Hotel) _____
6. (Bibliothek [*library*]) _____
7. (Museum) _____
8. (Kirche [*church*]) _____
9. (Fabrik [*factory*]) _____
10. (Wohnhaus [*apartment building*]) _____

Nominative case without an article

Nouns that specify a nationality or a profession require neither a definite article nor an indefinite article when used in the predicate nominative. For example:

Der Mann ist Deutscher.   *The man is a German.*
Meine Schwester wird Ärztin.   *My sister is becoming a doctor.*

ÜBUNG
1·3

Using the nationality or profession provided in parentheses, create sentences that say that the man or the woman is of that nationality or in that profession.

EXAMPLE   (der Italiener) *Der Mann ist Italiener.*
(die Italienerin) *Die Frau ist Italienerin.*

1. (der Bäcker [*baker*]) _____
2. (die Amerikanerin) _____

3. (die Lehrerin) _____

4. (der Arzt [*doctor*]) _____

5. (der Engländer [*Englishman*]) _____

6. (die Mexikanerin) _____

7. (der Physiker [*physicist*]) _____

8. (die Russin [*Russian*]) _____

9. (der Dolmetscher [*translator*]) _____

10. (die Deutsche) _____

When an adjective follows **sein** or **werden** and does not modify an accompanying noun, it is a *predicate adjective* and requires no ending.

Das Haus ist **alt**.	*The house is old.*
Die Kinder werden **müde**.	*The children are getting tired.*

ÜBUNG
1·4

*Using the phrase in parentheses, create a sentence with the accompanying verb (**sein** or **werden**) and place the adjective in the phrase in the position of a predicate adjective.*

EXAMPLE   (das kleine Kind / sein) *Das Kind ist klein.*

1. (das heiße Wetter / werden) _____

2. (eine große Universität / sein) _____

3. (die alten Häuser / sein) _____

4. (das dunkle Zimmer / werden) _____

5. (ein junger Lehrer / sein) _____

Nominative case with personal pronouns

Personal pronouns follow the same patterns for the nominative case as nouns do. The main difference is that first-person and second-person pronouns can have different conjugational endings, because nouns, like the third-person pronouns, use third-person conjugational endings. For example:

First person

	sein *be*	**werden** *become*	**machen** *make, do*	**gehen** *go*
ich	bin	werde	mache	gehe
wir	sind	werden	machen	gehen

Second person

	sein *be*	**werden** *become*	**machen** *make, do*	**gehen** *go*
du	bist	wirst	machst	gehst
ihr	seid	werdet	macht	geht
Sie	sind	werden	machen	gehen

Third person

	sein *be*	**werden** *become*	**machen** *make, do*	**gehen** *go*
er	ist	wird	macht	geht
sie *s.*	ist	wird	macht	geht
es	ist	wird	macht	geht
wer	ist	wird	macht	geht
was	ist	wird	macht	geht
der Mann	ist	wird	macht	geht
sie *pl.*	sind	werden	machen	gehen
die Männer	sind	werden	machen	gehen

When substituting a pronoun for a noun, the pronoun must be of the same gender and number as the noun. This is different from English, which replaces nouns with pronouns that identify the *sexual gender* of animate nouns. Inanimate nouns are replaced by **it**. For example: *the man = he, the woman = she, the house = it.*

In German many inanimate nouns are masculine or feminine and are replaced by **er** and **sie**, respectively. Neuter nouns are replaced by **es** even when they refer to people. For example:

MASCULINE	der Mann = er	der Tisch = er
FEMININE	die Frau = sie	die Lampe = sie
NEUTER	das Kind = es	das Haus = es

All plural nouns in German are replaced by **sie**.

PLURAL	die Frauen = sie	die Häuser = sie

ÜBUNG
1·5

Reword each sentence by changing the pronoun shown in bold to any appropriate noun.

EXAMPLE   **Er** ist ein Freund von mir.

Der Mann ist ein Freund von mir.

1. **Sie** kommt aus Deutschland.

_____

2. Ist **es** alt?

_____

3. **Sie** sind heute zu Hause.

_____

4. **Es** wird sehr dunkel.

_____

5. **Er** wohnt in Berlin.

_____

6. Ist **er** rot?

_____

7. **Sie** spielen Tennis.

_____

8. Wird **sie** Lehrerin?

_____

9. **Sie** schläft (_sleeps_) unter dem Tisch.

_____

10. **Er** ist neu.

_____

Accusative case

The accusative case is needed to identify _direct objects_ or _objects that follow accusative prepositions_. Determining which word in a sentence is the direct object is rather simple: ask _whom_ or _what_ of the verb. The answer is the direct object. For example in English:

> _John likes Mary._
> _Whom does John like?_ (_Mary_ is the direct object.)
>
> _She bought a car._
> _What did she buy?_ (_Car_ is the direct object.)

The same questions can be asked to determine the direct object in a German sentence. For example:

Erik hat Tina gern.	_Erik likes Tina._
Wen hat Erik gern?	_Whom does Erik like?_ (**Tina** is the direct object.)
Sie kauft ein Kleid.	_She buys a dress._
Was kauft sie?	_What does she buy?_ (**Kleid** is the direct object.)

The interrogative pronoun **wer** (*who*) is used as the subject of a sentence: **Wer ist das?** (*Who is that?*) Its accusative case form is **wen** (*whom*) and is used to ask about a direct object: **Wen besuchen Sie?** (*Whom are you visiting?*) The interrogative pronoun **was** (*what*) is the same in the nominative and accusative cases: **Was ist das? Was sehen Sie?** (*What is that? What do you see?*)

Direct objects that are feminine, neuter, or plural nouns use the same definite and indefinite articles as in the nominative case. There are no declensional changes that take place.

Feminine

NOMINATIVE	**Die Lehrerin** spricht Deutsch.	*The teacher speaks German.*
ACCUSATIVE	Kennen Sie **die Lehrerin?**	*Do you know the teacher?*

Neuter

NOMINATIVE	**Das Kind** spielt im Garten.	*The child is playing in the garden.*
ACCUSATIVE	Wir sehen **ein Kind**.	*We see a child.*

Plural

NOMINATIVE	**Die Bücher** sind alt.	*The books are old.*
ACCUSATIVE	Warum kaufst du **die Bücher?**	*Why are you buying the books?*

The masculine definite and indefinite articles change in the accusative case to **den** and **einen**. Therefore, when a masculine noun is used as a direct object, it must use the accusative form of the articles. For example:

NOMINATIVE	**Ein Arzt** wohnt in dieser Straße.	*A doctor lives on this street.*
ACCUSATIVE	Ich besuche **einen Arzt**.	*I am visiting a doctor.*
NOMINATIVE	**Der Tisch** is neu.	*The table is new.*
ACCUSATIVE	Er verkauft **den Tisch**.	*He sells the table.*

ÜBUNG

1·6

Based on the word given in bold in each sentence, ask a question that begins with **wen** *or* **was**.

EXAMPLE   Thomas hat **Gudrun** gern.

Wen hat Thomas gern?

1. Die Männer bauen (*build*) **ein Haus**.

_____

2. Herr Schneider hat **das Geld**.

_____

3. Wir besuchen **den Lehrer**.

_____

4. Der Tourist kennt **die Amerikanerin**.

   _____

5. Martin braucht (_needs_) **eine Zeitung**.

   _____

6. Niemand (_no one_) versteht **das Problem**.

   _____

7. Ich sehe **die Kinder**.

   _____

8. Karin hat **Erik** gern.

   _____

9. Er verkauft **das Haus**.

   _____

10. Wir sehen **die Lehrerinnen**.

   _____

ÜBUNG

1·7

Reword the sentence with the nouns provided in parentheses.

EXAMPLE   Wir sehen _____.

   (der Mann) _Wir sehen den Mann._

Haben Sie _____?

1. (ein Heft [_notebook_]) _____

2. (die Briefe [_letters_]) _____

3. (der Stuhl [_chair_]) _____

4. (eine Bluse [_blouse_]) _____

5. (das Geld [_money_]) _____

Ich kaufe ein _____.

6. (Wagen [_car_]) _____

7. (Zeitung [_newspaper_]) _____

8. (Bücher) _____

9. (Lampe) _____

10. (Handy [*cell phone*]) _____

Accusative case form of personal pronouns

Pronouns are not only used as the subject of a sentence but also as the direct object of a sentence. Each of the personal pronouns has an accusative case form. They are:

NOMINATIVE	ACCUSATIVE
ich	mich
du	dich
er	ihn
sie *s.*	sie *s.*
es	es
wir	uns
ihr	euch
Sie	Sie
sie *pl.*	sie *pl.*
wer	wen
was	was

As direct objects, they look like this:

Ein Freund besucht **mich**.	*A friend is visiting me.*
Ich kenne **ihn** nicht.	*I don't know him.*
Die Kinder haben **sie** gern.	*The children like them.*

ÜBUNG
1·8

Reword each sentence with the pronouns provided in parentheses.

EXAMPLE Er besucht _____.

(wir) *Er besucht uns.*

Die Frauen sehen _____.

1. (ich) _____

2. (du) _____

3. (sie *s.*) _____

4. (es) _____

5. (ihr) _____

Niemand versteht _____.

6. (er) _____

7. (wir) _____

8. (Sie) _____

9. (sie *pl.*) _____

10. (ich) _____

Accusative prepositions

Nouns and pronouns that follow the accusative prepositions must also be in the accusative case. The accusative prepositions are:

bis	*until*
durch	*through*
für	*for*
gegen	*against*
ohne	*without*
wider	*against*
um	*around*

The translations for the previous accusative prepositions are the basic translations. When some of these prepositions are used with certain verbs, their English translation is altered. For example:

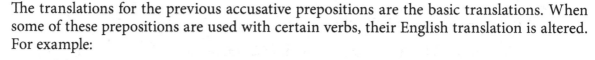

sich interesssieren **für**	*be interested in*
bitten **um**	*ask for*

In sentences, the accusative prepositions are used like this:

Der Zug fährt **durch** einen Tunnel.	*The train is going through a tunnel.*
Das ist ein Geschenk **für** die Kinder.	*This is a gift for the children.*
Warum kommt sie **ohne** ihn?	*Why does she come without him?*
Er schlägt **gegen** die Tür.	*He beats against the door.*

If the object of the accusative preposition is a pronoun that has replaced an inanimate noun, a *prepositional adverb* is formed. A prepositional adverb is a combination of **da(r)-** plus the preposition. For example: **dadurch** (*through it*) and **darum** (*around it*). The prefix **dar-** is used with prepositions that begin with a vowel.

Reword each sentence with the nouns and pronouns provided in parentheses.

EXAMPLE   Das ist ein Geschenk für _____.

(der Lehrer) *Das ist ein Geschenk für den Lehrer.*

Die Kinder gehen durch _____.

1. (die Straße [*street*]) _____

2. (ein Tunnel) _____

3. (der Park) _____

4. (ein Garten) _____

Ich habe etwas (*something*) für _____.

5. (sie [*she*]) _____

6. (er [*he*]) _____

7. (ihr) _____

8. (die Männer) _____

Warum ist er gegen _____?

9. (wir) _____

10. (es [*it*]) _____

11. (sie [*it*]) _____

12. (der Krieg [*war*]) _____

13. (ich) _____

14. (du) _____

15. (Sie) _____

Der-words, ein-words, and adjectives

The definite and indefinite articles are called **der**-words and **ein**-words respectively. It is important to distinguish between **der**-words and **ein**-words in order to deal with adjective endings accurately.

Der-words

A few words are categorized as *der-words*, because they follow the declensional patterns of the definite articles (**der**, **die**, and **das**). The **der**-words are usually introduced with a masculine ending even though different endings are used for the other genders. Only **jeder** does not have a form in the plural, and **solcher** tends to be used in the plural. The most commonly used **der**-words are:

SINGULAR	PLURAL
dieser (*this*)	diese (*these*)
jener (*that*)	jene (*those*)
jeder (*each, every*)	N/A
N/A	solche (*such, like that*)
welcher? (*which*)	welche? (*which*)

Notice that **welcher** is used to ask a question. If **welcher** replaces a definite article in a sentence that is not a question, the sentence must be changed to a question. For example:

| **Der** Mann ist Soldat. | *The man is a soldier.* |
| **Welcher** Mann ist Soldat? | *Which man is a soldier?* |

Remember that in questions the verb precedes the subject.

Just as the masculine form of **dieser**, **jener**, **jeder**, and **welcher** end in **-er** like **der**, the feminine form ends in **-e** like **die**, and the neuter form ends in **-s** like **das**:

FEMININE	NEUTER
diese	dieses
jene	jenes
jede	jedes
welche	welches

The **der**-words can replace the definite articles in sentences but must use the same gender ending as the **der**-word they replace. For example:

Der Lehrer wohnt in Hamburg.	*The teacher lives in Hamburg.*
Dieser Lehrer wohnt in Hamburg.	*This teacher lives in Hamburg.*
Die Ärztin ist krank.	*The doctor is sick.*
Jene Ärztin ist krank.	*That doctor is sick.*
Das Mädchen spricht Deutsch.	*The girl speaks German.*
Jedes Mädchen spricht Deutsch.	*Each girl speaks German.*
Die Männer arbeiten in einer Fabrik.	*The men work in a factory.*
Welche Männer arbeiten in einer Fabrik?	*Which men work in a factory?*

When the **der**-words are used in the accusative case, they still must conform to the ending of the article they replace. When it comes to masculine nouns, this means an ending different from the nominative: instead of **-er** as in the nominative, the accusative ending is **-en**. Look at the following sentences that illustrate **der**-words in the accusative case. Remember that feminine, neuter, and plural nouns make no change in the accusative case.

Kennen Sie **den** Lehrer?	*Do you know the teacher?*
Kennen Sie **jenen** Lehrer?	*Do you know that teacher?*
Sie arbeitet für **die** Frau.	*She works for the woman.*
Sie arbeitet für **diese** Frau.	*She works for this woman.*
Sie sieht **das** Kind.	*She sees the child.*
Sie sieht **jedes** Kind.	*She sees each child.*
Er liest **die** Zeitungen.	*He is reading the newspapers.*
Er liest **solche** Zeitungen.	*He is reading such newspapers (newspapers like that).*
Er bekommt **die** Bücher.	*He receives the books.*
Welche Bücher bekommt er?	*Which books does he receive?*

ÜBUNG
2·1

*Reword each sentence by replacing the definite article with the **der**-words provided in parentheses.*

1. Der Wagen ist sehr alt.

   (dieser) _____

   (welcher) _____

2. Die Kinder spielen Tennis.

   (jener) _____

   (welcher) _____

3. Sie kennt die Frau.

(jener) _____

(jeder) _____

4. Wir besuchen den Arzt.

(welcher) _____

(dieser) _____

5. Thomas hat die Zeitung (*newspaper*).

(jeder) _____

(jener) _____

6. Sie arbeiten für den Professor.

(dieser) _____

(jener) _____

7. Das Mädchen heißt (*is called*) Tina.

(dieser) _____

(welcher) _____

8. Herr Schneider verkauft den Wagen.

(dieser) _____

(jener) _____

9. Die Lehrerin kauft das Haus.

(dieser) _____

(welcher) _____

10. Die Männer helfen ihnen (*help them*).

(welcher) _____

(solcher) _____

Der-words with adjectives in the nominative singular

A *singular* noun preceded by a **der**-word can also be accompanied by an adjective, which modifies that noun. In all instances in the nominative singular, the adjective ending is always -**e** when used with a **der**-word. For example:

| Der **neue** Lehrer heißt Herr Benz. | *The new teacher is called Mr. Benz.* |
| Jener **alte** Mann ist krank. | *That old man is sick.* |

Die **junge** Dame ist Deutsche.	*The young lady is German.*
Diese **rote** Lampe ist sehr teuer.	*This red lamp is very expensive.*
Das **kleine** Haus ist weiß.	*The little house is white.*
Welches **alte** Auto kostet 600 Euro?	*Which old car costs 600 euros?*

If the nominative noun is *plural,* the adjective ending following a **der**-word is always **-en**.

Die **interessanten** Zeitungen sind englisch.	*The interesting newspapers are English.*
Solche **faulen** Jungen helfen nicht.	*Such lazy boys do not help.*

ÜBUNG
2·2

Reword each sentence, using the adjective provided in parentheses to modify the subject.

EXAMPLE   Der _____ Lehrer ist alt.

(nett) *Der nette Lehrer ist alt.*

1. Dieses Mädchen wohnt in der Schillerstraße (*on Schiller Street*).

(schön [*pretty*]) _____

(nett) _____

2. Die Kinder sprechen Deutsch.

(amerikanisch) _____

(klein) _____

3. Wo ist der Stuhl (*chair*)?

(alt) _____

(neu) _____

4. Jener Arzt hat einen BMW.

(reich [*rich*]) _____

(jung) _____

5. Welche Bluse ist besser (*better*)?

(blau [*blue*]) _____

(billig [*cheap*]) _____

6. Wo wohnen diese Frauen?

(russisch [*Russian*]) _____

(ausländisch [*foreign*]) _____

7. Ist jeder Sportler stark (*athlete strong*)?

(deutsch) _____

(jung) _____

8. Diese Hunde (*dogs*) sind nicht gesund (*not healthy*).

(braun [*brown*]) _____

(groß) _____

9. Welche Landkarte (*map*) kostet fünf Euro?

(klein) _____

(europäisch [*European*]) _____

10. Jene Bücher sind interessant.

(englisch) _____

(neu) _____

Der-words with adjectives in the accusative

In the accusative case, feminine and neuter nouns are still modified by an adjective that ends in -**e** and plural nouns by an adjective that ends in -**en**. Singular masculine nouns are different in the accusative. Their adjective ending in the accusative case is -**en**.

Er sieht den **alten** Mann.	*He sees the old man.*
Kauft er jene **deutsche** Zeitung?	*Is he buying that German newspaper?*
Ich kenne dieses **junge** Mädchen nicht.	*I do not know this young girl.*
Welche **amerikanischen** Touristen kennen Sie?	*Which American tourists do you know?*

ÜBUNG
2·3

*Reword each sentence with the noun in parentheses. Provide the appropriate **der**-word and adjective endings.*

EXAMPLE   Er sieht d- _____ nett- _____.

(Frau) *Er sieht die nette Frau.*

Frau Schneider verkauft jen- _____ alt- _____.

1. (Lampe) _____

2. (Wagen) _____

3. (Tisch) _____

4. (Lampen) _____

Kennen Sie dies- _____ jung- _____?

5. (Leute [*people*]) _____

6. (Dame) _____

7. (Lehrerin) _____

8. (Lehrerinnen) _____

Welch- _____ neu- _____ brauchst (*need*) du?

9. (Stuhl) _____

10. (Bluse) _____

11. (Blusen) _____

12. (Hemd [*shirt*]) _____

Ich arbeite für dies- _____ nett- _____

13. (Ärztin) _____

14. (Mann) _____

15. (Frau) _____

16. (Leute) _____

Er kommt ohne d- _____ neu-_____.

17. (Studentin) _____

18. (der Schüler) _____

19. (Hemd) _____

20. (Zeitungen) _____

Ein-words

Besides **ein** and **eine**, the possessive adjectives and **kein** (*no, not any*) are also **ein**-words. The possessive adjectives are:

PERSONAL PRONOUN	POSSESSIVE ADJECTIVE
ich	mein (*my*)
du	dein (*your*)
er	sein (*his/its*)
sie *s.*	ihr (*her/its*)
es	sein (*its/his/her*)
wir	unser (*our*)
ihr	euer (*your*)
Sie	Ihr (*your*)
sie *pl.*	ihr (*their*)
wer	wessen (*whose*)

Except for **wessen**, which does not show gender, all the possessive adjectives add an **-e** ending when they precede a feminine or plural noun in the nominative case. For example:

Mein Vater ist Lehrer.	*My father is a teacher.*
Meine Mutter ist Ärztin.	*My mother is a doctor.*
Sein Buch ist neu.	*His book is new.*
Seine Kinder sind zu Hause.	*His children are at home.*
Unser Wagen ist neu.	*Our car is new.*
Unsere Eltern sind in Italien.	*Our parents are in Italy.*
Kein Mann ist da.	*There isn't a man there.*
Keine Männer sind da.	*There aren't any men there.*
Wessen Haus ist das?	*Whose house is that?*
Wessen Kinder sind das?	*Whose children are those?*

Note that **wessen**, like **welcher**, introduces a question.

The possessive adjective **euer**, when used with a feminine or plural noun in the nominative case, changes its spelling slightly to **eure**.

Ist das **eure** Schwester?	*Is that your sister?*
Das sind **eure** Bücher.	*Those are your books.*

The accusative case with **ein**-words is similar to the accusative case with **der**-words. The feminine, neuter, and plural in the accusative case are identical to their use in the nominative case.

NOMINATIVE	ACCUSATIVE
eine Frau	eine Frau
mein Kind	mein Kind
eure Eltern	eure Eltern

Again, it is only the masculine that changes in the accusative case. And again, the change is to an **-en** ending.

NOMINATIVE	ACCUSATIVE
ein Freund	einen Freund
dein Bruder	deinen Bruder
kein Wagen	keinen Wagen

Reword each sentence with the possessive adjective in parentheses.

EXAMPLE   _____ Vater ist alt.

          (sein) *Sein Vater ist alt.*

_____ Schwester wohnt in Berlin.

1. (mein) _____

2. (ihr [*her*]) _____

3. (dein) _____

4. (euer) _____

5. (wessen) _____

Sind _____ Freunde (*friends*) in Heidelberg?

6. (Ihr) _____

7. (ihr [*their*]) _____

8. (unser) _____

9. (wessen) _____

10. (sein) _____

_____ Bruder ist Richter (*judge*).

11. (mein) _____

12. (euer) _____

13. (ihr [*her*]) _____

14. (sein) _____

15. (unser) _____

Ein/eine with questions

If **ein/eine** precedes a noun in a question, **ein/eine** does not change if the answer is in the positive.

     Ist **ein** Mann hinter der Tür?   *Is a man behind the door?*

     Ja, **ein** Mann ist hinter der Tür.   *Yes, a man is behind the door.*

If the answer is in the negative, **ein** changes to **kein**.

Ist **ein** Mann hinter der Tür?   *Is a man behind the door?*

Nein, **kein** Mann ist hinter der Tür.   *No, a man is not behind the door. (No, no man is behind the door.)*

Although nouns of nationality and professions are usually not accompanied by an article, it should be assumed that an *invisible* **ein** or **eine** precedes such nouns. When negated, they use **kein**.

Ist die Frau Lehrerin?   *Is the woman a teacher?*

Nein, die Frau ist **keine** Lehrerin.   *No, the woman is not a teacher.*

ÜBUNG
2·5

Answer each question in the positive and in the negative.

EXAMPLE   Ist ein Wagen in der Garage?

Ja, ein Wagen ist in der Garage.

Nein, kein Wagen ist in der Garage.

1. Wohnt ein Lehrer in diesem Haus?

_____

_____

2. Ist diese Dame Ärztin?

_____

_____

3. Ist eine Katze (*cat*) unter (*under*) dem Tisch?

_____

_____

4. Kommt ein Zug (*train*)?

_____

_____

5. Ist die Frau Richterin?

_____

_____

Adjectives

When an adjective is used to modify a singular noun and follows an **ein**-word, the gender of that singular noun is *apparent* in the adjective. For example:

MASCULINE	Ein **junger** Mann steht an der Tür.	*A young man is at the door.*
FEMININE	Keine **rote** Lampe gefällt mir.	*I do not like any red lamp.*
NEUTER	Ist das unser **neues** Haus?	*Is that our new house?*

And as with **der**-words, all plural adjectives in the nominative add an **-en** ending.

| Seine **alten** Freunde kommen mit. | *His old friends are coming along.* |
| Sind Ihre **kleinen** Kinder krank? | *Are your little children sick?* |

ÜBUNG
2·6

Reword each sentence with the adjectives in parentheses.

EXAMPLE   Eine _____ Frau ist krank.

(alt) *Eine alte Frau ist krank.*

Ist ihr _____ Bruder zu Hause?

1. (klein) _____

2. (jung) _____

3. (krank) _____

Das ist eine _____ Zeitung.

4. (neu) _____

5. (französisch [*French*]) _____

6. (interessant) _____

Wo ist euer _____ Tisch?

7. (alt) _____

8. (groß) _____

9. (lang [*long*]) _____

Unsere _____ Autos sind in der Garage.

10. (neu) _____

11. (amerikanisch) _____

12. (blau) _____

Das ist kein _____ Hemd.

13. (billig [*cheap*]) _____

14. (schön) _____

15. (weiß) _____

Adjectives with **ein**-words in the accusative

When adjectives modify a noun in the accusative case and are preceded by an **ein**-word, the feminine, neuter, and plural adjective endings are identical to the nominative case.

NOMINATIVE	ACCUSATIVE
eine alte Lampe	eine alte Lampe
sein neues Haus	sein neues Haus
ihre kleinen Kinder	ihre kleinen Kinder

If the noun is masculine, the adjective ending is an -**en** in the accusative case.

NOMINATIVE	ACCUSATIVE
mein guter Freund	meinen guten Freund

ÜBUNG
2·7

Reword each sentence with the adjectives in parentheses.

EXAMPLE   Sie kennt seine _____ Frau.

(jung) *Sie kennt seine junge Frau.*

Martin kommt ohne seine _____ Tochter (*daughter*).

1. (jung) _____

2. (klein) _____

3. (klug [*smart*]) _____

Besuchen Sie Ihren _____ Sohn (*son*)?

4. (krank) _____

5. (älter [*older*]) _____

6. (einzig [*only*]) _____

Die Jungen arbeiten für unsere _____ Verwandten (*relatives*).

7. (amerikanisch) _____

8. (alt) _____

9. (nett) _____

Ich brauche dein _____ Hemd.

10. (weiß) _____

11. (neu) _____

12. (schwarz [*black*]) _____

Siehst du ihren _____ Bruder?

13. (jünger [*younger*]) _____

14. (älter) _____

15. (einzig) _____

Fill in the blank with the missing ending where needed.

1. Sein_____ Schwester ist Sportlerin.

2. Kennt ihr mein_____ jung_____ Sohn?

3. Brauchen Sie dies_____ deutsch_____ Zeitung?

4. Wo wohnen dein_____ amerikanisch_____ Verwandten?

5. Ich möchte (*would like*) jen_____ blau_____ Hemd.

6. Dies_____ alt_____ Dame ist kein_____ Lehrerin.

7. Haben Sie ein_____ interessant_____ Buch?

8. Sie kommen durch ein_____ lang_____ Tunnel.

9. Mein_____ jünger_____ Schwestern gehen nach Hause.

10. Kennst du d_____ neu_____ Schüler?

Dative case

The dative case has three primary functions: (1) It identifies the indirect object of a sentence. (2) It is used with the object of a dative preposition. (3) It is used with the object of a dative verb.

Indirect objects

Let's identify what an indirect object is in English. An indirect object tells *to whom* something is given and *for whom* something is made available. The *something* in sentences that have an indirect object is the direct object.

> *Thomas gives his wife a gift.* (**To whom** *does Thomas give a gift?*)
> → **His wife** *is the indirect object, and* **a gift** *is the direct object.*

> *We bought him new gloves.* (**For whom** *did we buy new gloves?*)
> → *The pronoun* **him** *is the indirect object, and* **new** *gloves is the direct object.*

German works in the same way. One difference is that a single word is used in German to ask *to whom* or *for whom*: **wem**. **Wem** is the dative form of **wer**. The following example sentences are the German translation of the previous English examples.

> Thomas gibt seiner Frau ein Geschenk.
> **Wem** gibt Thomas ein Geschenk?
> → **Seiner Frau** *is the indirect object, and* **ein Geschenk** *is the direct object.*

> Wir kauften ihm neue Handschuhe.
> **Wem** kauften wir neue Handschuhe?
> → *The pronoun* **ihm** *is the indirect object, and* **neue Handschuhe** *is the direct object.*

Nouns used as indirect objects

In Chapter 2 the difference between **der**-words and **ein**-words was described. That difference is where the gender of a noun is shown: in the **der**-word or in the adjective following an **ein**-word. This difference does not occur in the dative case. All endings for **der**-words, **ein**-words, and adjectives follow the same patterns.

	DER-WORDS WITH DATIVE ENDINGS	EIN-WORDS WITH DATIVE ENDINGS
MASCULINE	dem, diesem, welchem	einem, keinem, unserem
FEMININE	der, jener, jeder	einer, meiner, ihrer
NEUTER	dem, diesem, jedem	einem, deinem, eurem
PLURAL	den, jenen, solchen	N/A, seinen, Ihren

When a noun is used as an indirect object, the appropriate dative ending must be used with **der**-words and **ein**-words. For example:

Ich gebe **dem Lehrer** fünf Euro.	*I give the teacher five euros.*
Er schickt **seiner Schwester** die Bücher.	*He sends his sister the books.*
Sie zeigt **diesen Touristen** das Museum.	*She shows these tourists the museum.*

Be aware that the translation of the German indirect object can be stated as a prepositional phrase in English. For example, with the previous German sentences:

*I give five euros **to the teacher**.*
*He sends the books **to his sister**.*
*She shows the museum **to the tourists**.*

In the dative plural, the plural noun adds the ending **-n** if the noun does not already end in **-n**.

den Lehrer**n**
meinen Freunde**n**
keinen Kinder**n**

When adjectives modify nouns in the dative case, the dative case ending must be added to the adjectives. Following **der**-words or **ein**-words, the dative case adjective ending is always -**en**: **diesem jungen Mann**, **der alten Frau**, **meinen kleinen Kindern**.

Give each noun phrase as it would appear in the blank of the sentence provided.

EXAMPLE   Er gibt _____ ein Geschenk.

(die Frau) *der Frau*

Erik schenkte _____ einen Ring.

1. (seine Freundin) _____

2. (der Arzt) _____

3. (dieses Mädchen) _____

4. (seine Brüder) _____

5. (meine Schwester) _____

Was zeigen Sie _____?

6. (diese Leute) _____

7. (jener Mann) _____

8. (Ihre Tochter) _____

9. (meine Kinder) _____

10. (der Gast [*guest*]) _____

Morgen bringt er _____ ein paar Blumen (*a couple flowers*)?

11. (jene Dame) _____

12. (seine Lehrerinnen) _____

13. (unser Onkel) _____

14. (die Mädchen) _____

15. (deine Mutter) _____

ÜBUNG

3·2

Give each noun phrase with the accompanying adjective as it would appear in the blank of the sentence provided.

EXAMPLE   Er gibt _____ ein Geschenk.

(alt / die Frau) *der alten Frau*

Ich schickte _____ einen Brief (*letter*).

1. (deutsch / meine Verwandten) _____

2. (jünger / sein Bruder) _____

3. (nett / eure Eltern) _____

4. (hübsch [*pretty*] / seine Schwester) _____

5. (amerikanisch / unsere Gäste) _____

Was gebt ihr _____?

6. (klein / jene Kinder) _____

7. (älter / diese Jungen) _____

8. (neu / eure Freunde) _____

9. (jung / die Dame) _____

10. (komisch [*funny*] / der Mann) _____

Pronouns used as indirect objects

Pronouns can be used as indirect objects. When this occurs, the pronouns must be in their dative case form. The dative case forms of the personal pronouns are:

NOMINATIVE	DATIVE
ich	mir (*me*)
du	dir (*you*)
er	ihm (*him, it*)
sie *s.*	ihr (*she, it*)
es	ihm (*it*)
wir	uns (*us*)
ihr	euch (*you*)
sie *pl.*	ihnen (*them*)
Sie	Ihnen (*you*)
wer	wem (*whom*)

Let's look at how personal pronouns appear as indirect objects in a few sample sentences.

Sie geben **mir** die Zeitung.	*They give me the newspaper.*
Was schenken Sie **uns**?	*What are you giving (presenting to) us?*
Seine Tante zeigt **ihm** das Bild.	*His aunt shows him the picture.*

When the direct object in a sentence is a noun, it follows the indirect object. This occurs whether the indirect object is a noun or a pronoun.

Ich schicke meinem Freund **ein Buch**.	*I send my friend a book.*
Ich schicke ihm **ein Buch**.	*I send him a book.*

But if the direct object is a pronoun, it will precede the indirect object. This, too, occurs whether the indirect object is a noun or a pronoun.

Noun as direct object	Sie schickt dem Mann **neue Handschuhe**.	*She sends the man new gloves.*
Pronoun as direct object	Sie schickt **sie** dem Mann.	*She sends them to the man.*
Noun as direct object	Wir geben ihr **einen Hut**.	*We give her a hat.*
Pronoun as direct object	Wir geben **ihn** ihr.	*We give it to her.*

You will notice that when the noun direct object is changed to a pronoun direct object, the pronoun conforms to the number, case, and gender of the noun: **neue Handschuhe = sie, einen Hut = ihn.**

Reword each sentence with the pronoun provided.

EXAMPLE   (ich) Sie gibt _____ das Buch.

Sie gibt mir das Buch.

1. (du) Schenkte sie _____ die Handschuhe?

_____

2. (wir) Die Kinder bringen _____ ein paar Blumen.

_____

3. (ihr) Die Touristen schickten _____ Ansichtskarten (*picture postcards*).

_____

4. (sie *pl.*) Ich zeigte _____ die alten Bilder.

_____

5. (Sie) Er gibt _____ die Briefe.

_____

Reword each sentence by changing the noun phrase in bold to the appropriate pronoun.

EXAMPLE   Sie gibt **dem Mann** das Buch.

Sie gibt ihm das Buch.

1. Zeigen Sie **den Gästen** die alten Landkarten (*maps*)?

_____

2. Was gibt sie **den kleinen Kindern**?

_____

3. Erik schenkt **seiner neuen Freundin** einen Ring.

_____

4. Seine Verwandten schickten **dem Jungen** ein Geschenk.

_____

5. Sie geben **Erik und mir** ein paar Euro.

_____

Reword each sentence twice. First, change the indirect object to a pronoun. Then change the direct object to a pronoun.

EXAMPLE   Er gibt dem Mann einen Hut.

Er gibt ihm einen Hut.

Er gibt ihn ihm.

Sie zeigten den Gästen den neuen Wagen.

1. _____

2. _____

Gibst du der Lehrerin eine Blume?

3. _____

4. _____

Die Kinder bringen ihrer Tante ein Geschenk.

5. _____

6. _____

Tina kaufte meinem Bruder und mir neue Handschuhe.

7. _____

8. _____

Wir schicken dem Arzt eine Ansichtskarte.

9. _____

10. _____

Dative prepositions

The nine dative prepositions are:

aus	*out, out of*
außer	*except*
bei	*by, with, at*
gegenüber	*opposite, across from*
mit	*with*

nach	*after*
seit	*since*
von	*from, of*
zu	*to*

Nouns and pronouns that follow the dative prepositions must be in the dative case. For example:

Er wohnt **bei** seiner Tante.	*He lives at his aunt's house.*
Kommst du **mit** uns?	*Are you coming with us?*
Nach dem Konzert geht er nach Hause.	*After the concert, he goes home.*
Das ist ein Brief **von** ihr.	*That's a letter from her.*

ÜBUNG
3·6

*Complete each sentence with the noun provided in parentheses. Add any **der**-word or **ein**-word plus an adjective.*

EXAMPLE Sie kommt mit _____.

(Frau) *Sie kommt mit der alten Frau.*

Martin wohnt bei _____.

1. (Onkel) _____

2. (Freunde) _____

Sprechen Sie mit _____?

3. (Töchter) _____

4. (Richter) _____

Erik wohnt gegenüber _____.

5. (Bahnhof [*railroad station*]) _____

6. (Schule) _____

Niemand (*no one*) sieht mich außer _____.

7. (Bruder) _____

8. (Freundin) _____

Wohin geht ihr nach _____?

9. (Konzert) _____

10. (Oper [*opera*]) _____

Reword each sentence with the pronouns provided in parentheses.

Warum sprecht ihr mit _____?

1. (wir) _____

2. (er) _____

3. (ich) _____

4. (sie *s.*) _____

5. (sie *pl.*) _____

Erik wohnt nicht weit von _____.

6. (sie *s.*) _____

7. (sie *pl.*) _____

8. (du) _____

9. (ihr) _____

10. (wir) _____

The preposition **gegenüber** has two positions when accompanied by its object. If the object is a pronoun, **gegenüber** will *follow* the object pronoun.

> Er sitzt uns **gegenüber.**   *He is sitting across from us.*

If the object of **gegenüber** is a noun, it usually precedes the noun object.

> Sonja wohnte **gegenüber** der Bibliothek.   *Sonja lived across from the library.*

But if that noun refers to a person, **gegenüber** tends to follow the noun.

> Warum steht er dem Lehrer **gegenüber**?   *Why is he standing opposite the teacher?*

*Complete the sentence with each of the words provided in parentheses. Place **gegenüber** in the correct position.*

Wer wohnt _____?

1. (ihr) _____

2. (Frau Schneider) _____

3. (der Bahnhof) _____

   4. (die neue Schule) _____

   5. (Sie) _____

Martin und Tina sitzen _____.

   6. (die Lehrerin) _____

   7. (unsere Gäste) _____

   8. (sie *pl.*) _____

   9. (der Stadtpark [*city park*]) _____

   10. (ich) _____

Prepositional adverbs

When a prepositional phrase introduces a pronoun that is a replacement for an inanimate noun, the typical prepositional phrase is not formed. Instead, a *prepositional adverb* is used. A prepositional adverb is a combination of the prefix **da(r)-** and a preposition. For example: **davon** (*from it*), **daraus** (*out of it*), **danach** (*after it*). Compare the difference in the formation of a prepositional phrase with a pronoun that replaces an animate noun and one that replaces an inanimate noun.

Animate

Er fährt mit einem Freund.	*He's driving with a friend.*
Er fährt **mit ihm**.	*He's driving with him.*

Inanimate

Er fährt mit dem Bus.	*He's going by bus.*
Er fährt **damit**.	*He's going by it.*

To ask a question with a preposition and a pronoun that replaces an inanimate noun, combine the prefix **wo(r)-** with the preposition: **wovon** (*from where*), **womit** (*with what*), **wobei** (*by what*).

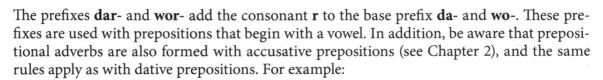

The prefixes **dar-** and **wor-** add the consonant **r** to the base prefix **da-** and **wo-**. These prefixes are used with prepositions that begin with a vowel. In addition, be aware that prepositional adverbs are also formed with accusative prepositions (see Chapter 2), and the same rules apply as with dative prepositions. For example:

Dative prepositions	dazu, danach, daraus / wozu, wonach, woraus
Accusative prepositions	dadurch, dafür, darum / wodurch, wofür, woraus

Reword each prepositional phrase by changing the object of the preposition to a pronoun. If the object is inanimate, form a prepositional adverb. Note that some accusative prepositions are included.

1. mit dem Mann _____

2. mit dem Auto _____

3. von meinem Vater _____

4. durch einen Tunnel _____

5. nach dem Konzert _____

6. für seine Kinder _____

7. für klassische Musik (*classical music*) _____

8. bei seinem Onkel _____

9. bei einem Glas Wein (*glass of wine*) _____

10. aus Gold (*made of gold*) _____

Dative verbs

German has a category of verbs that does not exist in English. The translation of sentences that contain such verbs often suggests that the object of the verbs is a direct object. But that is not correct. This category of verbs requires the nouns and pronouns that follow them to be in the dative case. Such verbs are:

antworten	*answer*
begegnen	*meet, encounter*
danken	*thank*
dienen	*serve*
drohen	*threaten*
folgen	*follow*
gehören	*belong to*
gratulieren	*congratulate*
helfen	*help*
imponieren	*impress*
passen	*fit, suit*
passieren	*happen to*
vertrauen	*trust*
widersprechen	*contradict*

Let's look at some example sentences with dative verbs. Note that the object of these verbs is in the dative case, but the English translation of the sentences uses the objects of these verbs as direct objects.

	Im Stadtpark **begegnete** ich **einem Freund**.	*I met a friend in the city park.*
	Warum **folgst** du **mir**?	*Why are you following me?*
	Die Kinder **helfen ihrem Vater**.	*The children help their father.*
	Wie kannst du **ihm vertrauen**?	*How can you trust him?*

Irregular conjugations in the present tense will be taken up in Chapter 4. But two verbs that have an irregular present tense conjugation are among the dative verbs. In the second- and third-person singular, the vowel **e** changes to an **i**.

	helfen *to help*	**widersprechen** *to contradict*
ich	helfe	widerspreche
du	hilfst	widersprichst
er/sie/es	hilft	widerspricht
wir	helfen	widersprechen
ihr	helft	widerspricht
sie *pl.*	helfen	widersprechen
Sie	helfen	widersprechen

ÜBUNG
3·10

Reword each sentence with the noun phrases and pronouns provided in parentheses.

Kannst du _____ helfen?

1. (wir) _____

2. (er) _____

3. (dieser alte Mann) _____

4. (meine Eltern) _____

5. (jeder neue Schüler) _____

Warum widerspricht er _____?

6. (ich) _____

7. (jene Dame) _____

8. (sein eigener Vater [*his own father*]) _____

9. (ihr) _____

10. (sie *s.*) _____

Sein Tanzen (*dancing*) imponiert _____ nicht.

11. (sie *pl.*) _____

12. (du) _____

13. (unsere Gäste) _____

14. (sein jüngerer Bruder) _____

15. (die hübsche Ärztin) _____

Irregular present tense conjugations

Many German verbs in the present tense follow a consistent pattern of conjugation. Such verbs are called *regular verbs*, and their present tense conjugation looks like this:

	machen *make, do*	**fragen** *ask*
ich	mache	frage
du	machst	fragst
er	macht	fragt
wir	machen	fragen
ihr	macht	fragt
sie *pl.*	machen	fragen
Sie	machen	fragen
wer	macht	fragt

Add the endings -**e**, -**st**, -**t**, and -**en** to the verb stem (e.g., **mach-** and **frag-**) according to the pronouns indicated in the conjugation.

Although the following verbs are not truly irregular verbs, they break the illustrated pattern of regular verbs. If a verb stem ends in -**t** or -**d**, the second person singular and plural and the third-person singular change the endings -**st** and -**t** to -**est** and -**et**, respectively. For example:

	arbeiten *work*	**bilden** *form*
ich	arbeite	bilde
du	arbeit**est**	bild**est**
er	arbeit**et**	bild**et**
wir	arbeiten	bilden
ihr	arbeit**et**	bild**et**
sie *pl.*	arbeiten	bilden
Sie	arbeiten	bilden
wer	arbeit**et**	bild**et**

Verb stems that end in -**s**, -**ss**, -**ß**, -**z**, and -**tz** do not add the ending -**st** in the second person singular. They just add -**t**. For example: **du reist** (*drive*), **du hasst** (*hate*), **du musst** (*must*), **du weißt** (*know*), **du heizt** (*heat*), **du sitzt** (*sit*).

Identify the present tense conjugational form of the verbs with the pronouns provided.

EXAMPLE   sagen (*say*)

ich *sage*   du *sagst*

1. stellen (*put, place*)

   ich _____   du _____   Sie _____

2. heißen (*called, named*)

   du _____   sie *s.* _____   ihr _____

3. suchen (*look for, seek*)

   er _____   wir _____   sie *pl.* _____

4. setzen (*put, set*)

   du _____   ihr _____   Sie _____

5. antworten (*answer*)

   ich _____   du _____   er _____

6. warten (*wait*)

   du _____   wir _____   sie *s.* _____

7. enden (*end*)

   ich _____   du _____   er _____

8. heben (*lift, raise*)

   wir _____   ihr _____   Sie _____

9. schließen (*close*)

   du _____   es _____   ihr _____

10. klatschen (*clap*)

    ich _____   du _____   wer _____

There are three types of irregular present tense conjugations, and they all deal with the alteration of a vowel in the second- and third-person singular.

Vowel change *e* to *i*

Some verbs with the vowel **e** in the infinitive stem change the vowel **e** to an **i**. For example:

	brechen *break*	**treffen** *meet*
ich	breche	treffe
du	brichst	triffst
er	bricht	trifft
wir	brechen	treffen
ihr	brecht	trefft
sie *pl.*	brechen	treffen
Sie	brechen	treffen
wer	bricht	trifft

A few other high-frequency verbs that follow this pattern are:

fressen	*eat like an animal*
nehmen	*take*
stechen	*stab*
sterben	*die*
treten	*step, take a step*
vergessen	*forget*

ÜBUNG

4·2

*Reword each sentence with the missing conjugational forms. Each verb provided requires a vowel change from **e** to **i**.*

1. Ich zerbreche eine Lampe.

   Du _____.

   Sie *s.* _____.

   Wir _____.

   Wer _____?

2. Die Kinder essen um acht Uhr (*at eight o'clock*).

   Er _____.

   Ihr _____.

   Sie *pl.* _____.

3. Die Männer helfen Frau Keller.

   Du _____.

   Er _____.

   Ihr _____.

4. Ich gebe ihm fünf Euro.

Er _____.

Sie *s.* _____.

Sie *pl.* _____.

5. Spricht er Deutsch oder Englisch?

_____ du _____.

_____ Sie _____.

_____ ihr _____.

The verbs **nehmen** and **treten** not only change the vowel in the stem from **e** to **i**, they also make a change in the consonant in the stem.

	nehmen *take*	**treten** *step*
ich	nehme	trete
du	nimmst	trittst
er	nimmt	tritt
wir	nehmen	treten
ihr	nehmt	tretet
sie *pl.*	nehmen	treten
Sie	nehmen	treten
wer	nimmt	tritt

ÜBUNG
4·3

Choose the verb on the right that best completes each sentence.

EXAMPLE	Er _____ ihm ein Geschenk.	nehmt	<u>gibt</u>	sterben
1.	Der Junge _____ sich den Arm (*his arm*).	stirbt	bricht	essen
2.	Die Mädchen _____ diesen Kindern.	helfen	vergesst	vergisst
3.	Wer _____ dir ein Hemd (*shirt*)?	nehmt	gibt	trefft
4.	Warum _____ der alte Mann?	trifft	helft	stirbt
5.	Meine Mutter _____ nichts (*nothing*).	vergisst	nehmt	brechen
6.	Der Professor _____ sehr laut (*very loudly*).	spricht	esst	essen
7.	Warum _____ sie in der Küche (*kitchen*)?	essen	nimmt	nehmt
8.	Wem _____ du den Ring?	sprecht	triffst	gibst
9.	Warum _____ ihr kein Brot (*bread*)?	nehmt	bricht	stirbt

10. Der Hund _____ sehr schnell (*fast*).		frisst	isst	sterben
11. _____ ihr kein Eis (*ice cream*)?		Esst	Bricht	Gebe
12. Wir _____ unsere Pässe (*passports*).		helfen	vergessen	sprecht
13. Ich _____ keinen Hut.		nehme	gebt	trifft
14. Warum _____ sie meinen Bleistift (*pencil*)?		brecht	nimmt	stirbt
15. Herr Keller _____ uns keine Bücher.		frisst	sprechen	gibt

Vowel change *e* to *ie*

Some verbs with the vowel **e** in the infinitive stem change the vowel **e** to **ie** in the second- and third-person singular. For example:

	sehen *see*	**lesen** *read*
ich	sehe	lese
du	siehst	liest
er	sieht	liest
wir	sehen	lesen
ihr	seht	lest
sie *pl.*	sehen	lesen
Sie	sehen	lesen
wer	sieht	liest

Other verbs that follow this pattern are:

befehlen	*order, command*
empfehlen	*recommend*
geschehen	*happen, occur*
stehlen	*steal*

ÜBUNG
4·4

Conjugate the verbs provided with each of the pronouns.

	befehlen	stehlen
1. ich	_____	_____
2. du	_____	_____
3. sie *s.*	_____	_____
4. wir	_____	_____
5. ihr	_____	_____

6. sie *pl.* _____ _____

7. Sie _____ _____

8. wer _____ _____

Choose the verb on the right that best completes each sentence.

EXAMPLE   Ich _____ das Geld.   <u>stehle</u>   befehle   geschieht

1. _____ du Frau Benz?   Befiehlt   Siehst   Stehlen

2. Erik _____ ein interessantes Buch.   liest   geschehen   stehlt

3. Es _____ morgen.   geschieht   sehen   seht

4. Wir _____ ihm zu warten.   lesen   empfiehlt   befehlen

5. _____ ihr dieses Restaurant?   Lest   Empfehlt   Sieht

6. Niemand _____ die Kinder im Garten.   sieht   lest   geschieht

7. Der Diebstahl (*theft*) _____ aus Geldgier (*greed*). liest   empfehlen   geschieht

8. Die Jungen _____ ein Fahrrad (*bicycle*).   stehlen   seht   geschehen

9. Ich _____ hier kein Hotel.   befehle   sehe   empfiehlt

10. _____ du diese Reise (*trip*)?   Befiehlt   Sieht   Empfiehlst

Irregularity by umlaut

Another group of irregular verbs in the present tense adds an umlaut to the vowel in the stem of the verb. This occurs only with the vowels **a** and **o**, although only one verb adds the umlaut to the vowel **o**: **stoßen** (*punch, kick*). Let's look at some examples of this conjugation.

	fahren *drive*	**stoßen** *punch, kick*
ich	fahre	stoße
du	fährst	stößt
er	fährt	stößt
wir	fahren	stoßen
ihr	fahrt	stoßt
sie *pl.*	fahren	stoßen
Sie	fahren	stoßen
wer	fährt	stößt

There are many other examples of verbs that form their irregularity with an umlaut. Among them are these high-frequency verbs:

backen	*bake*
fallen	*fall*
fangen	*catch*
halten	*hold*
lassen	*let, leave*
laufen	*run*
schlafen	*sleep*
schlagen	*hit, strike*
tragen	*carry, wear*
wachsen	*grow*
waschen	*wash*

ÜBUNG
4·6

Conjugate the verbs provided with each of the pronouns.

backen   fallen

1. ich   _____   _____
2. du   _____   _____
3. sie *s.* _____   _____
4. wir   _____   _____
5. ihr   _____   _____
6. sie *pl.* _____   _____
7. Sie   _____   _____
8. wer   _____   _____

laufen   tragen

9. ich   _____   _____
10. du   _____   _____
11. sie *s.* _____   _____
12. wir   _____   _____
13. ihr   _____   _____
14. sie *pl.* _____   _____
15. Sie   _____   _____
16. wer   _____   _____

Choose the verb on the right that best completes each sentence.

EXAMPLE	Ich _____ nach Hause.	halte	<u>fahre</u>	lassen

1. Hier _____ viele Blumen (*many flowers*).   fangen   lässt   wachsen

2. Meine Mutter _____ die Hemden.   wäscht   fangt   tragt

3. Warum _____ du das Pferd (*horse*)?   schlägst   stößt   haltet

4. Die Kinder _____ bis acht Uhr (*till 8 o'clock*).   fahrt   wachsen   schlafen

5. Ihr _____ den Mann in Frieden (*peace*).   trägt   lasst   waschen

6. Warum _____ sie sich den Kopf (*head*)?   lässt   stößt   hält

7. _____ du den Ball nicht?   Fahrt   Fängst   Wäscht

8. Der Junge _____ ihn mit der Faust (*with his fist*).   stößt   schlagt   wachsen

9. Das Mädchen _____ eine schöne Bluse.   trägt   lasst   wächst

10. Die Touristen _____ nach Frankreich (*France*).   waschen   fahren   schläft

Haben, sein, and werden

Three verbs play an important role in German conjugations, because they are used to form other tenses. All three of these verbs have an irregular present tense.

	haben *have*	**sein** *be*	**werden** *become, get*
ich	habe	bin	werde
du	hast	bist	wirst
er	hat	ist	wird
wir	haben	sind	werden
ihr	habt	seid	werdet
sie *pl.*	haben	sind	werden
Sie	haben	sind	werden
wer	hat	ist	wird

The most common usage for **haben** is to illustrate possession of a direct object. For example:

Ich **habe** zehn Euro.	*I have ten euros.*
Hast du keine Zeit?	*Don't you have time?*
Meine Brüder **haben** einen neuen Wagen.	*My brothers have a new car.*

The verb **sein** is often followed by a nationality, occupation, or an adjective.

Ich **bin** Amerikaner.	*I'm an American.*
Meine Mutter **ist** Ärztin.	*My mother is a doctor.*
Diese Mädchen **sind** sehr schön.	*These girls are very pretty.*

The verb **werden** tells what a person becomes by nationality, occupation, or adjective or describes how conditions are changing.

Wird dein Bruder Makler?	*Is your brother becoming a real estate agent?*
Meine Großeltern **werden** alt.	*My grandparents are getting old.*
Es **wird** wieder kalt.	*It's getting cold again.*

ÜBUNG
4·8

*Using the subject and direct object provided, create a present tense sentence saying that the subject has (**haben**) the direct object.*

EXAMPLE   mein Vater / ein neuer Wagen

Mein Vater hat einen neuen Wagen.

1. unser Lehrer / eine neue Freundin

_____

2. wir / kein Geld

_____

3. ihr / keine Zeit

_____

4. ich / kein brauner Hut

_____

5. du / mein Bleistift

_____

*Using the subject and noun phrase or adjective provided, create a present tense sentence saying that the subject is (**sein**) that noun or adjective.*

6. der Mann / Deutscher

_____

7. du / kein Arzt

_____

8. ihr / sehr klug (*smart*)

_____

9. sie *s.* / unsere jüngere Tochter

_____

10. diese Frauen / Touristinnen

_____

Using the subject and noun phrase or adjective provided, create a present tense sentence saying that the subject becomes (**werden**) that noun or adjective.

11. ich / krank (*sick*)

_____

12. das Wetter (*weather*) / ziemlich schlecht (*rather bad*)

_____

13. meine Tante / Krankenschwester (*nurse*)

_____

14. diese Männer / Mechaniker (*mechanics*)

_____

15. du / zu faul (*too lazy*)

_____

Genitive case

The genitive case has two primary functions: (1) it is used to form a possessive, and (2) it is used following the genitive prepositions.

Just like the dative case, the endings for **der**-words and **ein**-words in the genitive case are identical. These ending are:

MASCULINE	FEMININE	NEUTER	PLURAL
des Mannes	der Frau	des Kindes	der Kinder
dieses Lehrers	jener Ärztin	jedes Hauses	solcher Männer
eines Schülers	einer Lehrerin	eines Buches	N/A
meines Sohns	deiner Tante	ihres Fensters	unserer Blumen

Notice that the masculine and neuter nouns in the genitive case require an -es or -s suffix. An -es suffix tends to attach to a noun of one syllable, and an -s suffix tends to attach to a noun of more than one syllable (**des Buches**, **des Schülers**). However, all masculine and neuter nouns that end in -s, -ss, -ß, -z, or -sch tend to add an -es suffix in the genitive (**des Flusses**, **des Rausches**).

ÜBUNG
5·1

Reword each noun in its genitive case form.

1. (der Arzt) _____

2. (diese Dame) _____

3. (meine Freundinnen) _____

4. (jener Richter) _____

5. (welche Schülerin) _____

6. (eine Kerze [*candle*]) _____

7. (solche Leute) _____

8. (ein Boot [*boat*]) _____

9. (das Rathaus [*city hall*]) _____

Possession

In English, possession is shown by an apostrophe *s*, *s* apostrophe, or with the preposition *of* and answers the question *whose*. For example: *the man's car, the woman's dress, the boys' boat, the girls' DVDs, the color of money.* German, too, can use an **s** to show possession, but that form tends to occur only with names. An apostrophe is not used. For example:

Mozarts Opern	*Mozart's operas*
Eriks Eltern	*Erik's parents*
Frau Schneiders Sohn	*Ms. Schneider's son*

With other types of nouns, the genitive endings are applied to form a possessive, and in German it answers the question **wessen**. For example:

Wessen Buch ist das?	*Whose book is that?*
Das ist das Buch **des Lehrers**.	*That's the teacher's book.*
Wessen Brief liest du?	*Whose letter are you reading?*
Ich lese den Brief **meiner Schwester**.	*I'm reading my sister's letter.*
Wessen Auto kaufen Sie?	*Whose car are you buying?*
Ich kaufe das Auto **dieses Mannes**.	*I'm buying this man's car.*

ÜBUNG
5·2

Using the string of words provided, create a sentence that says that he wants to buy the object belonging to the person in the string of words.

EXAMPLE   die Lampe / diese Frau

Er will die Lampe dieser Frau kaufen.

1. der Wagen / ein Freund _____

2. das Fahrrad / diese Kinder _____

3. der Hut / ein General _____

4. die Bücher / jene Lehrerin _____

5. der Regenschirm (*umbrella*) / mein Onkel _____

6. die Blumen / dieses Mädchen _____

7. die Katze / diese Mädchen _____

8. der Ring / seine Freundin _____

9. die Schuhe (*shoes*) / ein Tänzer (*dancer*) _____

10. der Spiegel (*mirror*) / ihr Großvater _____

Adjectives

Just like in the dative case, the adjective ending used in the genitive case with both **der**-words and **ein**-words is -en: **eines kleinen Hauses** (*of a little house*), **dieser netten Tänzerin** (*of this nice dancer*), **solcher roten Rosen** (*of such red roses*).

ÜBUNG
5·3

Complete the sentence with the adjective provided in parentheses. Add the genitive adjective ending.

1. (alt) Die Temperatur in dem _____ Ofen (*oven*) ist zu hoch (*high*).

2. (jünger) Die Noten (*grades*) seiner _____ Tochter sind schlecht.

3. (neu) Wir hören die Rede (*speech*) des _____ Kanzlers (*chancellor*).

4. (deutsch) Die Wohnung (*apartment*) meiner _____ Verwandten ist groß.

5. (groß) Die Ausstellung des _____ Museums ist interessant.

6. (älter) Das Schlafzimmer (*bedroom*) eurer _____ Kinder ist klein.

7. (jung) Die Gesundheit (*health*) seiner _____ Frau ist besser.

8. (amerikanisch) Erik ist ein Freund dieser _____ Touristen.

9. (russisch) Die Musik jenes _____ Balletts (*ballet*) ist sehr schön.

10. (erst [*first*]) Was ist der Titel ihres _____ Gedichts (*poem*)?

ÜBUNG
5·4

Using the string of words provided, create a question that asks where the object of the person is.

EXAMPLE   Hemd / dies / jung / Mann

Wo ist das Hemd dieses jungen Mannes?

1. Spielzeug (*toy*) / die / jünger / Kinder

_____

2. Bücher / der / neu / Schüler

_____

3. Hotel / mein / ausländisch (*foreign*) / Gäste

_____

4. Rathaus / dies / klein / Dorf (*village*)

_____

5. Schuhe / die / hübsch (*beautiful*) / Tänzerin

_____

Using the string of words, write a sentence that says that the person's relatives are driving to the specified place.

EXAMPLE   Verwandten / der / jungen / Mann / Berlin

   Die Verwandten des jungen Mannes fahren nach Berlin.

6. Schwestern / mein / neu / Frau / Frankreich (*France*)

_____

7. Chef (*boss*) / Ihr / jünger / Bruder / Brüssel (*Brussels*)

_____

8. Wirtin (*landlady*) / dein / krank / Mutter / München (*Munich*)

_____

9. Sohn / die / jung / Ärztin / Heidelberg

_____

10. Freund / das / hübsch / Mädchen / Österreich (*Austria*)

_____

Using the string of words, write a sentence that asks whether you see the object or relative of the person.

EXAMPLE   Wagen / der / alt / Mann

   Sehen Sie den Wagen des alten Mannes?

11. Freund / mein / älter / Bruder

_____

12. Haus / der / reich (*rich*) / Richter

_____

13. Tante / ihr / ausländisch / Verwandten

_____

14. Fahrrad / unser / jünger / Tochter

_____

15. Kleider (*dresses*) / dies / hübsch / Tänzerinnen

_____

Genitive prepositions

There are four high-frequency genitive prepositions. They are:

(an)statt	instead of
trotz	in spite of
während	during
wegen	because of

Nouns that follow these genitive prepositions must have the appropriate genitive case endings. For example:

Anstatt/Statt meines Bruder kommt meine Schwester mit.
Instead of my brother, my sister comes along.

Trotz des kalten Regens gehen wir schwimmen.
In spite of the cold rain, we go swimming.

Während des letzten Krieges wohnten sie in der Schweiz.
During the last war, they lived in Switzerland.

Wegen einer langen Krankheit bleibt sie zu Hause.
Because of a long illness, she stays at home.

ÜBUNG
5·5

Complete each sentence with any phrase that includes a **der**-word or **ein**-word, an adjective, and a noun.

EXAMPLE   Anstatt *meines guten Freundes* hilft mir mein Bruder.

1. Wir waren während _____ in Hamburg.

2. Wegen _____ werden die Kinder sehr krank.

3. Trotz _____ geht sie mit Martin tanzen.

4. Anstatt _____ schickt sie uns einen Brief.

5. Ich kann wegen _____ nicht kommen.

6. Während _____ bleiben meine Eltern in Bonn.

7. Trotz _____ beginnt das Autorennen (*car race*) um elf Uhr.

8. Statt _____ schreibt unsere Tante die Postkarten.

9. Während _____ besuchen wir viele Museen.

10. Wegen _____ ist das Geschäft geschlossen (*store is closed*).

11. Trotz _____ ist der Mann noch nicht fünfzig Jahre alt (*years old*).

12. Anstatt _____ kauft er einen goldenen Ring.

13. Wegen _____ ist die Autobahn nicht befahrbar (*impassable*).

14. Während _____ wohnte seine Familie im Norden (*north*).

15. Trotz _____ gehen sie heute wandern (*hiking*).

Dative-accusative prepositions

A special category of prepositions can use either the dative case or the accusative case. Therefore, they are called the *dative-accusative prepositions*. They are:

an	*at*
auf	*on*
hinter	*behind*
in	*in*
neben	*next to*
über	*over*
unter	*under*
vor	*before, in front of*
zwischen	*between*

Dative case

The dative case is used with these prepositions when a *location* is being described: *at the door, in the house, between two books*, and so on. For example, in German:

an der Tür	*at the door*
auf dem Tisch	*on the table*
hinter einem Baum	*behind a tree*
im (in dem) Klassenzimmer	*in the classroom*
neben seinem Freund	*next to his friend*
über dem Haus	*over the house*
unter dieser Decke	*under this blanket*
vor dem Rathaus	*in front of city hall*
zwischen meinen Eltern	*between my parents*

It is common to form a contraction with a preposition and the definite article. Some of the most common contractions are:

im = in dem	am = an dem
ins = in das	ans = an das
zum = zu dem	beim = bei dem
zur = zur	vom = von dem

As with other functions of the dative case, the adjective ending used with these prepositions in the dative case with both **der**-words and **ein**-words is always **-en**.

hinter dieser alt**en** Schule   *behind this old school*
in einem klein**en** Haus   *in a little house*
vor der neu**en** Kirche   *in front of the new church*

Complete each sentence with the phrase provided in parentheses.

Die Katzen schlafen unter _____.

1. (dieser Tisch) _____

2. (eine alte Decke) _____

3. (der warme Ofen) _____

Warum warten die Kinder an _____?

4. (die Tür) _____

5. (die kleinen Fenster [*windows*]) _____

6. (unser Tor [*gate*]) _____

Spielen die Jungen Schach (*chess*) in _____?

7. (der kalten Keller [*basement*]) _____

8. (meine Garage) _____

9. (ein anderes Zimmer [*other room*]) _____

Wir steigen vor _____ um (*transfer transportation*).

10. (eine Bäckerei [*bakery*]) _____

11. (die neue Bank) _____

12. (das Einkaufszentrum [*shopping mall*]) _____

Was seht ihr über _____?

13. (jener Fernsehturm [*TV tower*]) _____

14. (diese großen Bäume [*trees*]) _____

15. (die Berge [*mountains*]) _____

Using noun phrases, reword each sentence twice.

1. Warum willst du auf _____ schlafen?

   _____

   _____

2. Hinter _____ wohnt eine alte Frau.

   _____

   _____

3. Eine Schauspielerin (*actress*) steht zwischen _____.

   _____

   _____

4. Sabine bleibt an _____ stehen (*remains standing*).

   _____

   _____

5. Erik will neben _____ sitzen.

   _____

   _____

6. Unsere Eltern kauften ein Haus in _____

   _____

   _____

7. Ein großes Bild hängt (*hangs*) über _____.

   _____

   _____

8. Der kleine Hund liegt (*is lying*) unter _____.

   _____

   _____

9. Warum steht der Polizist (*police officer*) vor _____?

   _____

   _____

10. Eine neue Stehlampe (*floor lamp*) steht neben _____.

   _____

   _____

Pronouns and the dative-accusative prepositions

A pronoun can be used in the dative case as an indirect object, as the object of a dative verb, or following the dative prepositions. This is also true following the dative-accusative prepositions. For example:

Indirect object	Ich gebe **ihm** ein paar Euro.	*I give him a couple euros.*
Dative verb	Martin hilft **ihnen** im Garten.	*Martin is helping them in the garden.*
Dative preposition	Der Lehrer spricht mit **uns**.	*The teacher speaks with us.*
Dative-accusative preposition	Hinter **mir** sitzt ein Hund.	*A dog is sitting behind me.*

However, if the pronoun is a replacement for an inanimate noun, remember that a prepositional adverb should be used in place of a prepositional phrase. For example:

ANIMATE NOUN	INANIMATE NOUN
neben dem Mann = neben **ihm**	an der Tür = daran
zwischen den Frauen? = zwischen **ihnen**?	vor dem Rathaus? = wovor?

Reword each sentence, changing the noun in the prepositional phrase to a pronoun. If the noun is inanimate, use a prepositional adverb.

EXAMPLE   Wir wohnen neben Herrn Benz.

Wir wohnen neben ihm.

1. Er geht zwei Schritte (*steps*) vor seinem Vater.

   _____

2. Der Hund erkennt (*recognizes*) die Frau an ihrer Stimme (*voice*).

   _____

3. Hier sind wir endlich wieder unter (*among*) Freunden.

   _____

4. Warum stehst du vor dem Fenster?

   _____

5. Die Kinder fürchten sich vor den Gefahren (*dangers*).

   _____

6. Sie irren sich in Ihren Freunden (*wrong about your friends*).

   _____

7. Jemand (*someone*) steht hinter jenem Tor.

   _____

8. Man soll sich vor einer Erkältung schützen (*protect against a cold*).

   _____

9. Die Jungen warten neben der Lehrerin.

   _____

10. Er schläft zwischen zwei großen Bäumen.

   _____

Follow the same directions, but make each new sentence a question.

EXAMPLE   Wir wohnen neben Herrn Benz.

   Neben wem wohnen wir?

11. Die Kinder spielen unter dem Tisch.

   _____

12. Der Mann ist sehr eifersüchtig (*jealous*) auf seine Frau.

   _____

13. Die Touristen steigen vor dem Bahnhof aus (*get off in front of the train station*).

   _____

14. Ein großes Bild hängt über dem Klavier (*piano*).

   _____

15. Die Katze verbirgt sich (*hides*) in einer Schublade (*drawer*).

   _____

Accusative case

The accusative case is used with the dative-accusative prepositions when the prepositional phrase indicates *movement or motion to a place*. This is different from the use of the dative case with these prepositions that indicates *location*. This distinction is also made in English with a couple of prepositions that have two varieties. For example:

LOCATION	MOVEMENT
in the house	*into the house*
on the roof	*onto the roof*

German achieves this difference of meaning by the use of two cases: dative and accusative.

Verbs of motion combined with the dative-accusative prepositions most often require the accusative case, because movement to a place is involved. Some commonly used verbs of motion are **fahren, fliegen, gehen, hängen, laufen, legen, setzen, stecken,** and **stellen.** In sentences, they are used like this:

Morgen **fahren** wir **in** die Schweiz.	*Tomorrow we're driving to Switzerland.*
Das Flugzeug **fliegt über** den See.	*The airplane flies over the lake.*
Die Mädchen **gehen hinter** das Haus.	*The girls go behind the house.*
Er **hängt** ein Bild **neben** die Lampe.	*He hangs a picture next to the lamp.*
Die Hunde **laufen an** die Tür.	*The dogs run to the door.*
Er **legt** Zeitungspapier **auf** den Boden.	*He puts newspaper on the floor.*
Frau Kohl **setzt** sich **zwischen** ihre Kinder.	*Ms. Kohl sits down between her children.*
Ich **stecke** das Geld **in** meine Tasche.	*I put (stick) the money in my pocket.*
Sie **stellte** die Vase **auf** den Tisch.	*She put the vase on the table.*

ÜBUNG
6·4

Reword each sentence with the phrases provided in parentheses.

EXAMPLE   Sie setzt sich neben _____.

(der Mann) *Sie setzt sich neben den Mann.*

Jetzt fahren wir in _____.

1. (die Berge [*mountains*]) _____

2. (ein langer Tunnel) _____

3. (die neue Garage) _____

Sie hängt einen Spiegel (*mirror*) über _____.

4. (der Esstisch [*dining room table*]) _____

5. (mein Bett) _____

6. (der Bücherschrank [*bookcase*]) _____

Was stecktest du in _____?

7. (deine Tasche) _____

8. (ihre Handschuhe [*gloves*]) _____

9. (dein Mund [*mouth*]) _____

Der Bus fährt bis vor _____.

10. (der neue Bahnhof) _____

11. (das Einkaufszentrum [*shopping mall*]) _____

12. (unsere Schule) _____

Herr Keller stellte den Korb (*basket*) hinter _____.

13. (die Tür) _____

14. (der alte Esstisch) _____

15. (der große Bücherschrank) _____

Complete each sentence with any logical noun phrase.

1. Warum laufen die Jungen an _____ ?

2. Erik legt das Buch auf _____ .

3. Mein Vater fährt den Wagen hinter _____ .

4. Ich stellte die Bücher in _____ .

5. Die neue Studentin setzt sich neben _____ .

6. Tina hängt einen Spiegel über _____ .

7. Der Hund kriecht (*crawls*) unter _____ .

8. Eine Straßenbahn (*streetcar*) fährt bis vor _____ .

9. Sie stellt eine Stehlampe zwischen _____ .

10. Der Junge steckte einen Bleistift in _____ .

Pronouns and prepositional adverbs

When a pronoun replaces a noun that follows a dative-accusative preposition, there are some other differences to consider between animate and inanimate nouns. If the noun is animate, the procedure already described is still followed: the pronoun replaces the noun in the prepositional phrase in the same case that the noun was in. For example:

Er ist eifersüchtig auf seine Frau.

Er ist eifersüchtig **auf sie**.   *He is jealous about his wife.*

Sie geht zwei Schritte vor ihrem Vater.

Sie geht zwei Schritte **vor ihm**.   *She walks two steps ahead of him.*

When inanimate nouns are replaced by pronouns, a prepositional adverb is formed.

Ein Bild hängt über dem Klavier.
Ein Bild hängt **darüber**. *A picture hangs above it.*

Eine Straßenbahn fährt vor das Rathaus.
Eine Straßenbahn fährt **davor**. *A streetcar drives up in front of it.*

So far, the patterns of changing from noun to pronoun conform to what was presented earlier. However, when questions are formed, differences do occur when the noun that is replaced by a pronoun is inanimate. When the noun is inanimate, a question can begin with a prepositional adverb introduced by **wo(r)-** or often by the interrogative words **wo** and **wohin**. **Wo** is used to ask about a dative case location, and **wohin** is used to ask about a motion to a place in the accusative case. For example:

Dative case

Der Hund schläft unter dem Tisch. *The dog is sleeping under the table.*
Worunter schläft der Hund? *What is the dog sleeping under?*
Wo schläft der Hund? *Where is the dog sleeping?*

Die Schlüssel liegen in der Schublade. *The keys are in the drawer.*
Worin liegen die Schlüssel? *What are the keys in?*
Wo liegen die Schlüssel? *Where are the keys?*

Accusative case

Das Flugzeug fliegt über den See. *The airplane flies over the lake.*
Worüber fliegt das Flugzeug? *What is the airplane flying over?*
Wohin fliegt das Flugzeug? *Where is the airplane flying?*

Er setzt sich an den Tisch. *He seats himself at the table.*
Woran setzt er sich? *What does he seat himself at?*
Wohin setzt er sich? *Where does he seat himself?*

The main difference between a question that is introduced by a prepositional adverb and a question introduced by the interrogatives **wo** and **wohin** is *specificity*. The prepositional adverb gives precise meaning as to location or movement. The interrogatives are more general.

ÜBUNG
6·6

*Create one question for the prepositional phrase in each sentence by changing the noun in the prepositional phrase to a pronoun. If the object of the preposition is an animate noun, create one question. If the object is an inanimate noun, create two questions, one with a prepositional adverb and the other with the interrogative **wo** or **wohin**.*

EXAMPLE   Ein Buch liegt auf dem Tisch.

Worauf liegt ein Buch?

Wo liegt ein Buch?

1. Eine Katze schläft im Korb.

_____

_____

2. Der Junge steht vor seinem bösen (*angry*) Vater.

_____

_____

3. Das Kind will zwischen seinen älteren Schwestern sitzen.

_____

_____

4. Eine Maus (*mouse*) kriecht unter das Klavier.

_____

_____

5. Sie stellt die Milch (*milk*) in den Kühlschrank (*refrigerator*).

_____

_____

6. Ein Poster hängt über meinem Schreibtisch.

_____

_____

7. Sie schreibt einen Brief an ihre Tante.

_____

_____

8. Sein Moped (*motor scooter*) steht an der Mauer (*wall*).

_____

_____

9. Sie fahren ihre Fahrräder (*bicycles*) hinter das Haus.

_____

_____

10. Alle essen in diesem Zimmer.

_____

_____

Prepositions and verbs

The dative-accusative prepositions are used with certain verbs to form a meaning that is not always directly translatable into English. A common example is **warten auf**. The words mean *wait on* or *wait upon*, but the translation is *wait for*. Other high-frequency combinations of prepositions and verbs are:

angst haben vor (D)	*be afraid of*
denken an (A)	*think about*
eifersüchtig sein auf (D)	*be jealous of*
schreiben an (A)	*write to*
schreiben über (A)	*write about*
sich freuen auf (A)	*look forward to*
sich freuen über (A)	*be glad about*
sich fürchten vor (D)	*be afraid of*
sich gewöhnen an (A)	*get accustomed to/used to*
sich irren an (D)	*be wrong about*
sich schützen vor (D)	*protect oneself against/from*
sich stoßen an (D)	*bump (oneself) on/against*
sich verlieben in (A)	*fall in love with*

In the previous list, the letters D and A indicate that the preposition requires either the use of the dative case (D) or the accusative case (A). Let's look at a few example sentences.

Wir warten auf unsere Verwandten.	*We wait for our relatives.*
Ich denke oft an mein Leben in Bonn.	*I often think of my life in Bonn.*
Erik schreibt über den Unfall.	*Erik is writing about the accident.*
Ich freue mich auf euren Besuch.	*I'm looking forward to your visit.*
Ich kann mich nicht an dieses Haus gewöhnen.	*I can't get used to this house.*
Martin verliebt sich in meine Schwester.	*Martin falls in love with my sister.*

Verbs shown with the reflexive pronoun **sich** change that pronoun depending upon the subject of the sentence. For example:

Ich freue **mich** darüber.	*I'm glad about it.*
Du freust **dich** darüber.	*You're glad about it.*
Er freut **sich** darüber.	*He's glad about it.*
Sie freut **sich** darüber.	*She's glad about it.*
Wir freuen **uns** darüber.	*We're glad about it.*
Ihr freut **euch** darüber.	*You're glad about it.*
Sie freuen **sich** darüber.	*You/They are glad about it.*

In many cases, when a German verb requires a reflexive pronoun, the English translation has no reflexive pronoun as illustrated above. In other cases, the English verb may be accompanied by a reflexive pronoun as well. For example:

Wir schützen uns vor dem Hund.	*We protect ourselves from the dog.*
Ich schütze mich vor dem Hund.	*I protect myself from the dog.*

Reflexive pronouns will be taken up in detail in Chapter 7.

Choose the letter of the word or phrase that best completes each sentence.

1. Monika verliebte sich _____ meinen Cousin.
   a. vor   b. in   c. am   d. im

2. _____ hängen die Bilder?
   a. Wohin   b. Woher   c. Wo   d. An das

3. Ich _____ oft an meine Familie in Deutschland.
   a. warte   b. sage   c. fürchte   d. denke

4. Die Kinder freuen sich schon _____ deine Geburtstagsparty (*birthday party*).
   a. an   b. auf   c. vor   d. in

5. Ich schreibe jeden Tag an _____.
   a. meinen Freund   b. meinen Kindern   c. meiner neuen   d. mein alter Onkel
      in Wien   Freundin   in der Schweiz

6. _____ fliegen diese Flugzeuge?
   a. Wo   b. An wem   c. Worüber   d. Auf sich

7. Gewöhnst du dich _____?
   a. auf das große   b. an die neue   c. in eine junge   d. vor dem
      Haus   Wohnung   Dame   schlechten Wetter

8. Warum bist du immer so _____ auf mich?
   a. freut   b. eifersüchtig   c. verliebt   d. fürchtest

9. Meine Mutter _____ einen Spiegel über mein Bett.
   a. schreibt   b. freuen   c. setze   d. hängt

10. Wir müssen lange auf _____ warten.
    a. den nächsten Zug   b. einer Straßenbahn   c. unseren Freunden   d. unseren
                                                                                  Freundinnen

11. Das Kind steht _____ seinem Onkel und seiner Tante.
    a. in   b. im   c. zwischen   d. auf

12. Am Freitag muss ich in die Schweiz _____.
    a. besuchen   b. fahren   c. gehe   d. fliege

13. Die Schüler bleiben _____ Klassenzimmer.
    a. auf das   b. in   c. auf dem   d. im

14. Niemand fürchtete sich _____.
    a. wovor   b. davor   c. woran   d. daran

15. Sabine verliebte sich _____.
    a. in ihren Lehrer   b. mit diesem Herrn   c. auf ihrem Freund   d. darüber

Reflexive pronouns and plurals

The personal pronouns can be used in the nominative case as the subject of a sentence, in the accusative case as direct objects or objects of preposition, and in the dative case as indirect objects or objects of dative verbs and prepositions. They also have a possessive form. Another form of the personal pronouns is reflexive pronouns, whose use is dependent upon the personal pronoun involved. They are not replacements of nouns but rather a "repetition" of the pronoun subject.

Reflexive pronouns

Reflexive pronouns are one of the object forms of personal pronouns. When a reflexive pronoun is paired with a verb, it is often called a *reflexive verb*. But there are in reality few reflexive verbs. In English, one of the three such verbs is *perjure oneself*. You cannot say that you perjure someone else. One can only perjure oneself. This verb is a true reflexive verb. But many other verbs when paired with a reflexive pronoun are merely a replacement for some other object and are a *verb-reflexive pronoun combination* and not a reflexive verb. For example:

PRONOUN AS OBJECT	REFLEXIVE PRONOUN
*He admires **her**.*	*He admires **himself**.*
*They bought **him** a car.*	*They bought **themselves** a car.*
*She talks to **me**.*	*She talks to **herself**.*

German is very similar. But in the German language, objects can be in the accusative case or the dative case. Therefore, there are two forms of reflexive pronouns in German. They are:

PERSONAL PRONOUN	ACCUSATIVE REFLEXIVE	DATIVE REFLEXIVE	ENGLISH
ich	mich	mir	*myself*
du	dich	dir	*yourself*
er	sich	sich	*himself*
sie *s.*	sich	sich	*herself*
es	sich	sich	*itself*
wir	uns	uns	*ourselves*
ihr	euch	euch	*yourselves*
Sie	sich	sich	*yourself/yourselves*
sie *pl.*	sich	sich	*themselves*
man	sich	sich	*oneself*

The most common usage of a reflexive pronoun is the replacement of a noun or pronoun that is a direct object, indirect object, object of a dative verb, or object of a preposition. For example:

Er sieht ihr Gesicht im Spiegel.	*He sees her face in the mirror.*
Er sieht **sich** im Spiegel.	*He sees himself in the mirror.*
Wir kauften ihr ein Eis.	*We bought her ice cream.*
Wir kauften **uns** ein Eins.	*We bought ourselves ice cream.*
Glaubst du dem Mann nicht?	*Don't you believe the man?*
Glaubst du **dir** nicht?	*Don't you believe yourself?*
Ihr denkt nur an eure Eltern.	*You think only about your parents.*
Ihr denkt nur an **euch**.	*You think only about yourselves.*

There are several verbs that are frequently accompanied by a reflexive pronoun. Some that require the accusative case reflexive pronoun are:

sich ärgern	*become annoyed, angry*
sich beeilen	*hurry*
sich befinden	*be located*
sich benehmen	*behave oneself*
sich erinnern	*remember*
sich erkälten	*catch a cold*
sich fragen	*wonder, ask oneself*
sich interessiern	*be interested*
sich unterhalten	*converse*

ÜBUNG

7·1

Complete the sentence with the missing reflexive pronoun.

1. Er brauchte (*needed*) das Geld für _____.

2. Wie kann er _____ diese Dummheit verzeihen (*forgive this stupidity*)?

3. Ich interessiere _____ für klassische Musik (*classical music*).

4. Sabine zieht _____ an (*dresses*).

5. Wir helfen _____, so gut wie wir können (*as well as we can*).

6. Herr Schneider, Sie denken nur an _____.

7. Warum kümmert ihr _____ nicht darum (*worry about it*)?

8. Sie erinnerte _____ an ihre Schularbeiten (*homework*).

9. Ich merke (*take note of*) _____ ihr Problem.

10. Der arme Mann stößt _____ am Tisch.

11. Die Jungen ziehen _____ im Umkleideraum aus (*undress in the lockerroom*).

12. Willst du _____ einen neuen Hut kaufen?

13. Man soll _____ vor einer Erkältung schützen.

14. Ihr Sohn benimmt _____ sehr schlecht.

15. Ich habe kein Geld bei _____ (*no money on me*).

Change the object in the original sentence to the appropriate reflexive pronoun. Then reword that sentence with the new subject provided.

EXAMPLE Ich kaufe meinem Freund einen Hut.

Ich kaufe mir einen Hut.

(du) *Du kaufst dir einen Hut.*

1. Sabine ärgerte ihren Mann (*got angry*).

   _____

   (sie *pl.*) _____

   (ich) _____

2. Er verbirgt das Geschenk hinter der Tür.

   _____

   (du) _____

   (Sie) _____

3. Wer bestellt ihm ein Glas Bier?

   _____

   (ich) _____

   (wir) _____

4. Ihr wollt der alten Frau helfen.

   _____

   (sie *s.*) _____

   (er) _____

5. Frau Keller kann mir diesen Fehler (*mistake*) nicht verzeihen.

   _____

   (du) _____

   (ich) _____

6. Die Kinder ärgerten ihren Vater.

   _____

   (wir) _____

   (ihr) _____

7. Der Arzt fragt uns warum.

   _____

   (ich) _____

   (sie *pl.*) _____

8. Die Kinder bedienen (*serve*) ihre Eltern.

   _____

   (wir) _____

   (er) _____

9. Martin wäscht (*washes*) den Hund.

   _____

   (du) _____

   (sie *pl.*) _____

10. Braucht ihr diese Bücher für euren Bruder?

   _____

   (sie *s.*) _____

   (Sie) _____

Plurals

English speakers sometimes believe that German plural formations are formed at random and that each plural must be memorized individually. It is true that German plurals are more complicated than English plurals, but for the most part, German plurals follow certain patterns.

Some German words form their plural by the ending -**s**. These tend to be foreign words. For example: **das Sofa = die Sofas, das Auto = die Autos, die Kamera = die Kameras, das Kino = die Kinos** (*movie theater*), **der Streik = die Streiks** (*strike*). What is true about all plurals in German is that they all use the definite article **die**.

Other plural patterns exist and occur in the three genders. First, let's look at how masculine nouns become plural.

Plurals of masculine nouns

There are three rules for making masculine nouns plural. The first rule: if a masculine noun ends in **-el**, **-en**, or **-er**, there is usually no plural suffix added. However, often an umlaut is added if there is an umlaut vowel in the stem of the word. For example:

SINGULAR	PLURAL	
der Brunnen	die Brunnen	*wells*
der Lehrer	die Lehrer	*teachers*
der Mantel	die Mäntel	*coats*
der Ofen	die Öfen	*ovens*
der Onkel	die Onkel	*uncles*
der Wanderer	die Wanderer	*hikers*

The second rule: If a masculine noun consists of one syllable or one syllable plus a prefix, the plural ending tends to be **-e**. Often an umlaut is added if there is an umlaut vowel in the stem of the word. For example:

SINGULAR	PLURAL	
der Bleistift	die Bleistifte	*pencils*
der Eingang	die Eingänge	*entrances*
der Fußball	die Fußbälle	*soccer ball*
der Satz	die Sätze	*sentences*
der Sohn	die Söhne	*sons*
der Stuhl	die Stühle	*chairs*

And the third rule: If a masculine noun ends in **-e**, its plural ending will be **-n**, for example: **der Junge = die Jungen** (*boys*).

ÜBUNG
7·3

Identify the plural form of each masculine noun.

1. der Arzt _____

2. der Wagen _____

3. der Bruder _____

4. der Apfel (*apple*) _____

5. der König (*king*) _____

6. der Tisch _____

7. der Laden (*shop*) _____

8. der Vater _____

9. der Hammer (*hammer*) _____

10. der Handschuh _____

Take note that the high-frequency masculine noun **Mann** forms its plural with an umlaut and -**er** ending: **die Männer** *men*.

Plurals of feminine nouns

There are three rules as well for making feminine nouns plural. The first rule: Although there are a few deviations from the rule, most feminine nouns end in -**n** or -**en**.

SINGULAR	PLURAL	
die Bühne	die Bühnen	*stages*
die Frau	die Frauen	*women*
die Landschaft	die Landschaften	*landscapes*
die Prüfung	die Prüfungen	*tests*
die Universität	die Universitäten	*universities*

Note that feminine nouns that end in -**in** form their plural by -**nen**, for example: **die Freundin = die Freundinnen** (*girlfriends*).

The second rule: Consider the following examples of high-frequency feminine nouns that deviate from this pattern.

SINGULAR	PLURAL	
die Bank	die Bänke	*benches*
die Kuh	die Kühe	*cows*
die Maus	die Mäuse	*mice*
die Nacht	die Nächte	*nights*
die Stadt	die Städte	*cities*

And the third rule: Two important feminine nouns that *do their own thing* are **Mutter** and **Tochter**. They form their plural in the following way: **Mütter** (*mothers*) and **Töchter** (*daughters*).

ÜBUNG
7·4

Identify the plural form of each feminine noun.

1. die Übung _____

2. die Bäckerei (*bakery*) _____

3. die Wand (*wall*) _____

4. die Zeitung _____

5. die Eule (*owl*) _____

6. die Wirtschaft (*economy*) _____

7. die Tante _____

8. die Schwester _____

9. die Hand _____

10. die Einheit (*unity*) _____

Plurals of neuter nouns

Most neuter nouns fall into one of four patterns. First, a few neuter nouns end in **-el**, **-en**, and **-er**, and just like masculine nouns that have these endings, no plural ending is added, but an umlaut is sometimes added if the word contains an umlaut vowel.

SINGULAR	PLURAL	
das Fenster	die Fenster	*windows*
das Kissen	die Kissen	*pillows*
das Segel	die Segel	*sails*

Second, all diminutives formed with **-lein** and **-chen** form their plural with no changes to the noun. For example: **das Büchlein = die Büchlein** (*small books*) and **das Mädchen = die Mädchen** (*girls*).

Third, if a neuter noun consists of one syllable or one syllable plus a prefix, the plural ending tends to be **-er**. Often an umlaut is added if there is an umlaut vowel in the stem of the word.

SINGULAR	PLURAL	
das Ei	die Eier	*eggs*
das Hochhaus	die Hochhäuser	*high-rise buildings*
das Enkelkind	die Enkelkinder	*grandchildren*
das Land	die Länder	*countries*
das Wort	die Wörter	*words*

And fourth, neuter words that end in **-um** form their plural with that ending changing to an **-en** ending. For example: **das Museum = die Museen** (*museums*), **das Gymnasium = die Gymnasien** (*preparatory schools*), **das Zentrum = die Zentren** (*centers*).

ÜBUNG
7·5

Identify the plural form of each neuter word.

1. das Buch _____

2. das Dorf (*village*) _____

3. das Studium (*studies*) _____

4. das Fahrrad _____

5. das Röslein (*little rose*) _____

6. das Dach (*roof*) _____

7. das Schimpfwort (*swear word*) _____

8. das Häuschen (*little house*) _____

9. das Datum (*date*) _____

10. das Tal (*valley*) _____

Identify the plural form of each of the following nouns. Note that they represent the three genders.

1. der Spiegel _____

2. das Fußballspiel _____

3. die Lampe _____

4. die Tochter _____

5. der Kuchen _____

6. die Küche (*kitchen*) _____

7. das Lehrbuch (*textbook*) _____

8. der Fluss (*river*) _____

9. die Regel (*rule*) _____

10. das Gesetz (*law*) _____

11. die Regierung (*government*) _____

12. der Boden _____

13. das Museum _____

14. die Schule _____

15. das Zöpfchen (*pigtail*) _____

The rules that govern plural formation are not rules at all but *patterns* that tend to occur in each of the genders. There will often be exceptions, but for the most part, one can depend upon the tendencies described here to form plurals with relative accuracy.

Reword each sentence by changing each noun to the plural.

1. Die Lehrerin spricht mit dem Schüler.

   _____

2. Meine Tante wohnt im kleinen Dorf.

   _____

3. Ist das neue Kaufhaus weit von hier?

   _____

4. Seine Schwester kaufte sich den neuen Roman (*novel*).

   _____

5. Das Kind versteht das Wort nicht.

   _____

6. Hat der Matrose (*sailor*) das Fahrrad?

   _____

7. Ist diese Übung leicht (*easy*)?

   _____

8. Die große Universität ist in der Stadt.

   _____

9. Das Kissen liegt auf dem Sofa.

   _____

10. Der junge Ausländer kennt diesen Mann.

    _____

11. Steht der Baum (*tree*) neben der Tür?

    _____

12. Der Mann kaufte den schönen Teppich (*carpet*).

    _____

13. Ist das Auto wieder kaputt (*broken*)?

    _____

14. Ihr Bruder sieht ihren Sohn spielen.

    _____

15. Die Studentin hat keinen Schreibtisch.

    _____

Prefixes

In European languages, prefixes play a significant role in changing the meaning of a verb. Consider the following English verbs and how prefixes alter them.

NON-PREFIX VERB	PREFIX ADDED
do	*undo*
go	*forego*
have	*behave*

English words that are derived from Latin have even more variations when prefixes are added. For example:

press	*port*
compress	*deport*
depress	*export*
express	*import*
impress	*transport*

German uses prefixes in the same way. It is important to remember that the base verb does not always give a clue to the meaning of that verb with a prefix added. For example:

VERB	ENGLISH
kommen	*come*
bekommen	*receive*
entkommen	*escape*
verkommen	*go bad, go to the dogs*

Inseparable prefixes

There are three types of German prefixes: inseparable prefixes, separable prefixes, and prefixes that can be either inseparable or separable.

The inseparable prefixes are **be-**, **emp-**, **ent-**, **er-**, **ge-**, **ver-**, and **zer-**. These prefixes are called *inseparable*, because they do not separate from the stem of the verb when the verb is conjugated. When these prefixes are added to a verb, their present tense conjugations are not altered. This occurs with both regular and irregular verbs. For example:

	Regular verb **benutzen** *use*	**Irregular verb** **erwarten** *expect*
ich	benutze	erwarte
du	benutzt	erwartest
er	benutzt	erwartet
wir	benutzen	erwarten
ihr	benutzt	erwartet
Sie	benutzen	erwarten
sie *pl.*	benutzen	erwarten
man	benutzt	erwartet

	vergeben *forgive*	**entlassen** *release*
ich	vergebe	entlasse
du	vergibst	entlässt
er	vergibt	entlässt
wir	vergeben	entlassen
ihr	vergebt	entlasst
Sie	vergeben	entlassen
sie *pl.*	vergeben	entlassen
man	vergibt	entlässt

Remember that if a verb stem ends in **-t** or **-d**, the second-person singular and plural and the third-person singular change the endings **-st** and **-t** to **-est** and **-et**, respectively. Verb stems that end in **-s**, **-ss**, **-ß**, **-z**, and **-tz** do not add the ending **-st** in the second-person singular. They just add **-t**. For example: **du reist** *drive*, **du hasst** *hate*, **du musst** *must*, **du weißt** *know*, **du heizt** *heat*, **du sitzt** *sit*.

ÜBUNG
8·1

Reword each sentence with the subjects provided.

Ich bekomme ein paar Briefe.

1. Du _____.

2. Sie *s.* _____.

3. Wir _____.

4. Ihr _____.

Es gehört (*belongs to*) einem Soldaten (*soldier*).

5. Das Buch _____.

6. Sie *pl.* _____.

7. Sie *s.* _____.

8. Diese Stiefel (*boots*) _____.

Meine Eltern erfahren etwas Wichtiges (*learn something important*).

9. Ich _____.

10. Du _____.

11. Er _____.

12. Ihr _____.

Empfehlen (*recommend*) Sie dieses Restaurant?

13. _____ du _____?

14. _____ ihr _____?

15. _____ Herr Benz _____?

16. _____ sie *s.* _____?

Warum zerstören (*destroy*) sie die alte Kirche?

17. _____ die Soldaten _____?

18. _____ er _____?

19. _____ die Männer _____?

20. _____ wir _____?

Separable prefixes

There are numerous separable prefixes, and most of them are derived from prepositions and adverbs. They are called *separable* because they separate from the stem of the infinitive and are placed at the end of the sentence when conjugated in the present tense. Some commonly used separable prefixes are: **ab-**, **auf-**, **bei-**, **her-**, **hin-**, **klar-**, **mit-**, **nach-**, **weiter-**, and **zu-**. This is by far not the end of the list of inseparable prefixes.

Knowing which prefix is separable is possible by remembering which prefixes are inseparable. If the prefix in question is not in the list of inseparable prefixes (**be-**, **emp-**, **ent-**, **er-**, **ge-**, **ver-**, and **zer-**), it is separable. Let's look at some example sentences. Note the position of the prefix when the verb is conjugated.

abfahren *depart*

Wir fahren um acht Uhr **ab**.   *We depart at eight o'clock.*

ankommen *arrive*

Wann kommt der nächste Zug **an**?   *When does the next train arrive?*

klarmachen *make clear*

Er macht mir seine Idee nicht **klar**.   *He does not make his idea clear to me.*

mitkommen *come along*

Kommst du **mit**?   *Are you coming along?*

zuhören *listen to*

Wir hörten dem Professor **zu**.   *We listened to the professor.*

ÜBUNG
8·2

Reword each sentence with the subjects provided.

Ich mache das Fenster zu (*close*).

1. Du _____ .

2. Sie *s.* _____ .

3. Wir _____ .

4. Ihr _____ .

Er bringt einen Freund mit (*bring along*).

5. Sie *pl.* _____ .

6. Wir _____ .

7. Der Arzt _____ .

8. Die Ärzte _____ .

Sie sieht sehr hübsch aus (*looks beautiful*).

9. Seine Töchter _____ .

10. Diese junge Dame _____ .

11. Ihr _____ .

12. Du _____ .

Er fahre morgen zurück (*drive back*).

13. Ich _____ .

14. Du _____ .

15. Sie *pl.* _____ .

16. Niemand _____ .

Die Hunde laufen weg (*run away*).

17. Er _____ .

18. Die Katze _____ .

19. Der Dieb (*thief*) _____ .

20. Die Soldaten _____ .

ÜBUNG

8·3

Using the string of words provided, create a present tense sentence.

EXAMPLE   wir / ankommen / morgen

Wir kommen morgen an.

1. die Kinder / aufstehen (*get up*) / um sieben Uhr

_____

2. warum / aufmachen (*open*) / du / die Fenster

_____

3. die Schüler / zuhören / aufmerksam (*attentively*)

_____

4. meine kleine Schwester / einschlafen (*fall asleep*) / früh

_____

5. die Touristen / aussteigen (*get off, out*) / am Marktplatz (*market square*)

_____

6. niemand / zumachen (*close*) / die Tür

_____

7. Herr Schiller / anziehen (*put on*) / ein neuer Anzug (*suit*)

_____

8. seine Freundin / anrufen (*call, telephone*) / er / jeden Tag

_____

9. die Sportler (*athletes*) / zurückkommen / langsam und müde (*slowly and tired*)

_____

10. der Bus / abfahren / pünktlich (*punctually*)

_____

11. viele Reisende (*travelers*) / umsteigen (*transfer*) / am Hauptbahnhof (*main railway station*)

_____

12. Erik / sich ausziehen / im Umkleideraum

_____

13. er / sich hinsetzen (*sit down*) / daneben

_____

14. du / weiterschicken (*send on*) / das Paket

_____

15. nachkommen (*come later*) / deine Familie / ?

_____

Verbs that combine with both separable and inseparable prefixes

There are numerous verbs that are combined with either separable or inseparable prefixes. These prefixes do not determine the conjugation. They change the meaning of the verb and determine the position of the prefix. For example:

	Inseparable prefix **verstehen** *understand*	**Separable prefix** **aufstehen** *get up, stand up*
ich	verstehe	stehe . . . auf
du	verstehst	stehst . . . auf
er	versteht	steht . . . auf
wir	verstehen	stehen . . . auf
ihr	versteht	steht . . . auf
Sie	verstehen	stehen . . . auf
sie *pl.*	verstehen	steht . . . auf
man	versteht	steht . . . auf

ÜBUNG
8·4

Conjugate each verb in the present tense with the pronouns provided.

1. beschreiben *describe*

ich _____

du _____

er _____

wir _____

ihr _____

Sie _____

2. anschreiben *write up*

_____

_____

_____

_____

_____

_____

sie *pl.* _____   _____

man _____   _____

3. sich ergeben *resign oneself*   4. ausgeben *spend*

ich _____   _____

du _____   _____

er _____   _____

wir _____   _____

ihr _____   _____

Sie _____   _____

sie *pl.* _____   _____

man _____   _____

5. erschlagen *strike dead*   6. vorschlagen *suggest*

ich _____   _____

du _____   _____

er _____   _____

wir _____   _____

ihr _____   _____

Sie _____   _____

sie *pl.* _____   _____

man _____   _____

ÜBUNG
8·5

Using the string of words provided, form a present tense sentence.

EXAMPLE   wir / aussteigen / hier

Wir steigen hier aus.

Notice that the verbs have either a separable or inseparable prefix.

1. mein Bruder / aufstehen / um sechs Uhr

_____

2. das Rathaus / sich befinden / in dieser Straße

_____

3. wir / aufwachen (*wake up*) / sehr früh

_____

4. ich / empfangen / sie / mit gelben Rosen

_____

5. die Studenten / erlernen (*learn*) / zwei Sprachen (*languages*)

_____

6. meine Tante / besuchen / ich / in der Stadt

_____

7. die Mädchen / sich umziehen (*change clothes*) / schnell

_____

8. die Ausländer / besichtigen / die Altstadt (*old city*)

_____

9. der Studienrat (*teacher*) / anrufen / meine Eltern

_____

10. der Lehrer / benutzen / die Tafel (*blackboard*)

_____

11. alt / Mauern / zerfallen (*crumble*) / zu Staub (*into dust*)

_____

12. klein / Schülerinnen / erröten / vor Scham (*embarrassed, in shame*)

_____

13. niemand / einladen (*invite*) / neu / Studentin

_____

14. warum / zusammenbrechen (*collapse*) / neu / Brücke / ?

_____

15. wir / einkaufen (*shop*) / beim Bäcker (*at the baker's*)

_____

Prefixes that are inseparable and separable

A few prefixes are used both as inseparable prefixes and separable prefixes. When they are used as inseparable prefixes, the stress is *on the stem of the verb*. When they are used as separable prefixes, the stress is *on the prefix*. The preposition **um** can be used as such a prefix. Note where the stress is in the infinitive and in the conjugation of the verb.

	umármen *embrace*	**úmkommen** *die*
ich	umárme	komme um
du	umármst	kommst um
er	umármt	kommt um
wir	umármen	kommen um
ihr	umármt	kommt um
Sie	umármen	kommen um
sie *pl.*	umármen	kommen um
man	umármt	kommt um

Other prepositions that can act as either an inseparable or separable prefix are **durch**, **über**, **unter**, **voll**, **wider**, and **wieder**.

ÜBUNG
8·6

*Conjugate each verb with **ich**, **er**, and **wir** in the present tense. Note where the stress is and position the prefix accordingly.*

1. übertréiben *exaggerate*

   ich _____

   er _____

   wir _____

2. wíedergeben *give back*

   _____

   _____

   _____

3. durchdríngen *penetrate*

   ich _____

   er _____

   wir _____

4. wíderrufen *retract*

   _____

   _____

   _____

5. vólltanken *fill up the gas tank*

   ich _____

   er _____

   wir _____

6. únterkommen *find lodging*

   _____

   _____

   _____

7. wiederhólen *repeat*

   ich _____

   er _____

   wir _____

8. dúrchfallen *fail*

   _____

   _____

   _____

Irregular past tense conjugations

The German regular past tense is a relatively simple structure. The suffix **-te** is added to the stem of a verb accompanied by the appropriate conjugational ending: **-e**, **-st**, **-en**, or **-t**. For example:

	besuchen *visit*	**fragen** *ask*
ich	besuchte *visited*	fragte *asked*
du	besuchtest	fragtest
er	besuchte	fragte
wir	besuchten	fragten
ihr	besuchtet	fragtet
Sie	besuchten	fragten
sie *pl.*	besuchten	fragten
man	besuchte	fragte

If the stem of a verb ends in **-d** or **-t**, an **-e** will precede the past tense ending.

	enden *end*	**antworten** *answer*
ich	endete *ended*	antwortete *answered*
du	endetest	antwortetest
er	endete	antwortete
wir	endeten	antworteten
ihr	endetet	antwortetet
Sie	endeten	antworteten
sie *pl.*	endeten	antworteten
man	endete	antwortete

Irregular past tense

The irregular past tense in German is formed in much the same way as the irregular past tense in English: the stem of the verb changes its vowel sound or sometimes changes the whole stem without the regular past tense suffix (**-te**). Let's look at a few English verbs that have an irregular past tense.

PRESENT	PAST
be	*was/were*
build	*built*
go	*went*
have	*had*
see	*saw*

Note how German forms an irregular past tense in the same way.

INFINITIVE	PRESENT TENSE FIRST/THIRD PERSON	PAST TENSE FIRST/THIRD PERSON
fahren	fahre/fährt	fuhr
gehen	gehe/geht	ging
kommen	komme/kommt	kam
sehen	sehe/sieht	sah
singen	singe/singt	sang

After the irregular past tense stem has been formed, the appropriate conjugational endings are added: **-st**, **-en**, or **-t**.

	tragen/trug *carry/wear*	**sprechen/sprach** *speak*
ich	trug *carried/wore*	sprach *spoke*
du	trugst	sprachst
er	trug	sprach
wir	trugen	sprachen
ihr	trugt	spracht
Sie	trugen	sprachen
sie *pl.*	trugen	sprachen
man	trug	sprach

Note that the first- and third-person singular require no ending.

Conjugate each verb in the past tense with the pronouns provided.

1. beschreiben/beschrieb *described*   2. tun/tat *did*

ich _____   _____

du _____   _____

er _____   _____

wir _____   _____

ihr	_____	_____
Sie	_____	_____
sie *pl.*	_____	_____
man	_____	_____

3. fliegen/flog *flew*   4. verstehen/verstand *understood*

ich	_____	_____
du	_____	_____
er	_____	_____
wir	_____	_____
ihr	_____	_____
Sie	_____	_____
sie *pl.*	_____	_____
man	_____	_____

The verbs **haben**, **sein**, and **werden**

The verbs **haben**, **sein**, and **werden** play an important role in the conjugations of verbs. They help form the various tenses. But they also can stand alone and have their own meaning. Each of them is irregular and looks like this in the past tense:

	haben/hatte *had*	**sein/war** *was/were*	**werden/wurde** *became*
ich	hatte	war	wurde
du	hattest	warst	wurdest
er	hatte	war	wurde
wir	hatten	waren	wurden
ihr	hattet	wart	wurdet
Sie	hatten	waren	wurden
sie *pl.*	hatten	waren	wurden
man	hatte	war	wurde

Reword each sentence with the subjects provided.

Ich hatte ihre Tasche (*purse*).

1. Du _____.

2. Sie *s.* _____.

3. Wir _____.

4. Ihr _____.

Mein Freund war in der Schweiz.

5. Wir _____.

6. Sie *s.* _____.

7. Die Ausländer _____.

8. Seine Verwandten _____.

Wurde er Lehrer?

9. _____ du _____.

10. _____ sie *pl.* _____.

11. _____ Sie _____.

12. _____ dein Sohn _____.

Wir hatten genug (*enough*) Geld.

13. Niemand _____.

Ich war den ganzen Tag in der Stadt.

14. Ihr _____.

Seine Großmutter wurde sehr krank.

15. Du _____.

Prefixes

The inseparable and separable prefixes function the same way in the past tense as in the present tense with both regular and irregular verbs. For example:

REGULAR PAST TENSE		IRREGULAR PAST TENSE	
er suchte	*sought/looked for*	er fuhr	*drove*
er besuchte	*visited*	er erfuhr	*experienced*
er suchte aus	*chose/picked out*	er fuhr ab	*departed*

REGULAR PAST TENSE		IRREGULAR PAST TENSE	
er kaufte	*bought*	er stand	*stood*
er verkaufte	*sold*	er verstand	*understood*
er kaufte ein	*shopped*	er stand auf	*stood up*

Let's look at a few more commonly used verbs that have an irregular past tense. Be aware that many verbs that have an irregular past tense form do not have an irregular present tense form.

INFINITIVE		PRESENT TENSE THIRD-PERSON SINGULAR	PAST TENSE THIRD-PERSON SINGULAR
beginnen	*begin*	beginnt	begann
bitten	*ask, request*	bittet	bat
bleiben	*stay*	bleibt	blieb
brechen	*break*	bricht	brach
essen	*eat*	isst	aß
fallen	*fall*	fällt	fiel
finden	*find*	findet	fand
fliegen	*fly*	fliegt	flog
geschehen	*happen*	geschieht	geschah
halten	*hold*	hält	hielt
laufen	*run*	läuft	lief
riechen	*smell*	riecht	roch
scheinen	*shine, seem*	scheint	schien
schlagen	*hit*	schlägt	schlug
schließen	*close*	schließt	schloss
schwimmen	*swim*	schwimmt	schwamm
sitzen	*sit*	sitzt	saß
steigen	*climb*	steigt	stieg
trinken	*drink*	trinkt	trank
waschen	*wash*	wäscht	wusch
werfen	*throw*	wirft	warf
ziehen	*pull*	zieht	zog

This is only a partial list of irregular past tense verbs. See the Appendix at the end of this book for the complete list. Refer to the Appendix to form the irregular past tense with accuracy.

Reword each present tense sentence in the past tense. Note that some verbs have a regular past tense and some have an irregular past tense.

1. Martin trinkt keine Milch.

   _____

2. Das Kind sieht sehr süß (*sweet*) aus.

   _____

3. Lauft ihr zum Stadtpark?

   _____

4. Ich bin sehr müde.

   _____

5. Er verkauft sein Fahrrad.

   _____

6. Sabine bekommt ein paar Nelken (*carnations*) von Erik.

   _____

7. Der junge Mann steigt am Marktplatz aus.

   _____

8. Er befindet sich in einer Großstadt.

   _____

9. Essen Sie gern Rotkohl (*red cabbage*)?

   _____

10. Der Ausländer spricht sehr langsam.

    _____

11. Meine Kinder lernen Deutsch.

    _____

12. Wir wohnen bei unseren Großeltern.

    _____

13. Professor Benz ruft meinen Sohn an.

    _____

14. Wir bleiben eine Woche in Berlin.

    _____

15. Warum schlägst du das arme Pferd?

_____

16. Felix wäscht sich die Hände.

_____

17. Es wird wieder kalt.

_____

18. Gehen die Soldaten nach Hause?

_____

19. Brauchen Sie ein Hemd?

_____

20. Der Sportler bricht sich den Finger.

_____

21. Erik wirft mir den Ball zu.

_____

22. Ich rieche die schönen Rosen.

_____

23. Sie schließt nur ein Fenster.

_____

24. Warum sitzen deine Eltern in der Küche?

_____

25. Mein Wörterbuch (_dictionary_) fällt in den Schmutz (_dirt_).

_____

26. Habt ihr keine Zeit?

_____

27. Es geschieht ihm nichts.

_____

28. Stefan bittet um den nächsten Tanz (_next dance_).

_____

29. Viele Touristen fliegen nach Europa.

_____

30. Erik nimmt das Buch unter den Arm.

_____

The perfect tenses

The perfect tenses consist of a *conjugated auxiliary* and a *past participle*. If the auxiliary is conjugated in the present tense, the tense is called the *present perfect*. If it is conjugated in the past tense, it is called the *past perfect*. In modern English there is only one auxiliary (*have*). Combined with a past participle, the English perfect tenses look like this:

PRESENT PERFECT	PAST PERFECT
I have seen	*I had seen*
he has worked	*he had worked*
they have found	*they had found*

The German perfect tenses are formed in the same way: an auxiliary combined with a past participle. But German has one difference. There are two auxiliaries: **haben** and **sein**. There was a time when English used two auxiliaries, and they were the counterparts of the German auxiliaries **haben** and **sein**: *have* and *be*. The verb *be* can still be found in some versions of the Bible. Consider the line *The Lord **is** come*, which in modern English means *The Lord has come*.

The regular past participle in German is formed with the prefix **ge-** combined with the stem of a regular verb (**machen = mach-**) and the ending **-(e)t**. For example: **machen = gemacht**. The verb **machen** is transitive, and like other German transitive verbs it uses **haben** as its auxiliary. Let's look at the complete present perfect conjugation of a few regular verbs.

	machen *make, do*	**hören** *hear*	**arbeiten** *work*
ich	habe gemacht	habe gehört	habe gearbeitet
du	hast gemacht	hast gehört	hast gearbeitet
er	hat gemacht	hat gehört	hat gearbeitet
wir	haben gemacht	haben gehört	haben gearbeitet
ihr	habt gemacht	habt gehört	habt gearbeitet
Sie	haben gemacht	haben gehört	haben gearbeitet
sie *pl.*	haben gemacht	haben gehört	haben gearbeitet
man	hat gemacht	hat gehört	hat gearbeitet

If the stem of a verb ends in **-d** or **-t**, the participial ending will be **-et**.

INFINITIVE	STEM	PAST PARTICIPLE
arbeiten	arbeit-	gearbeitet
enden	end-	geendet

Although the precise translation of these verbs in the present perfect tense is *have/has made*, *have/has heard*, and *have/has worked*, actual usage of the German tense must be considered. The present perfect tense is the most commonly used tense to describe an action in the past in German. The simple past tense is the commonly used tense to describe an action in the past in English. Therefore, the more accurate translation for the German examples would be *made*, *heard*, and *worked*.

Many German infinitives end in **-ieren**. This category of verbs has the distinction of using no participial prefix (**ge-**) in the perfect tenses. For example: **reparieren = haben repariert** *(have) repaired*, **isolieren = haben isoliert** *(have)* isolated.

ÜBUNG
10·1

Form the past participle for each of the following verbs and place it after the auxiliary provided.

EXAMPLE   (arbeiten) Er hat *gearbeitet.*

1. (lachen [*laugh*]) Wir haben _____ .

2. (fragen [*ask*]) Ich habe _____ .

3. (lernen) Er hat _____ .

4. (kaufen) Du hast _____ .

5. (brauchen) Ihr habt _____ .

6. (warten [*wait*]) Man hat _____ .

7. (öffnen [*open*]) Sie hat _____ .

8. (wetten [*bet*]) Sie haben _____ .

9. (regnen [*rain*]) Es hat _____ .

10. (stellen [*put*]) Ich habe _____ .

11. (setzen) Er hat _____ .

12. (malen [*paint*]) Wir haben _____ .

13. (lieben [*love*]) Sie hat _____ .

14. (studieren [*study*]) Ihr habt _____ .

15. (küssen [*kiss*]) Du hast _____ .

Prefixes

When an infinitive has an inseparable prefix (**be-**, **emp-**, **ent-**, **er-**, **ge-**, **ver-**, **zer-**), the participial prefix **ge-** is not added. The inseparable prefix serves as the participial prefix. Verbs with inseparable prefixes look like this as past participles:

INFINITIVE		AUXILIARY AND PAST PARTICIPLE
besuchen	*visit*	haben besucht
erwarten	*expect*	haben erwartet
entfernen	*remove*	haben entfernt
gehören	*belong to*	haben gehört
verkaufen	*sell*	haben verkauft
zerstören	*destroy*	haben zerstört

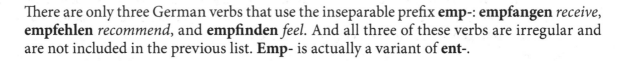

There are only three German verbs that use the inseparable prefix **emp-**: **empfangen** *receive*, **empfehlen** *recommend*, and **empfinden** *feel*. And all three of these verbs are irregular and are not included in the previous list. **Emp-** is actually a variant of **ent-**.

If a separable prefix is attached to a past participle, the **ge-** prefix remains in its position, and the separable prefix precedes it. For example:

INFINITIVE		AUXILIARY AND PAST PARTICIPLE
aufräumen	*tidy up*	haben aufgeräumt
austauschen	*exchange*	haben ausgetauscht
mitteilen	*inform*	haben mitgeteilt
weglegen	*put aside*	haben weggelegt
wiederholen	*get back*	haben wiedergeholt
zuhören	*listen*	haben zugehört

The verbs with prefixes that can be either inseparable or separable form their past participles based on whether the prefix is inseparable or separable in the given situation. The type of prefix can be identified by the position of the stress of the verb: on the prefix (separable) or on the stem of the verb (inseparable). For example:

Inseparable: Er hat seine Tochter **um**ármt.   *He embraced his daughter.*
Separable: Ich habe gestern **vóll**getankt.   *I filled up yesterday.*

ÜBUNG
10·2

Reword each sentence in the present perfect tense.

1. Du verlangst (*demand*) zu viel.

_____

2. Diese Studentin erlernt drei Fremdsprachen (*foreign languages*).

_____

3. Das beleidigt mein Ohr (*offends my ear*).

_____

4. Warum zerschmettert (*smashes*) er das Glas?

_____

5. Der Fotograf entwickelt (*develops*) den Film.

_____

6. Meine Frau gewöhnt sich (*gets used to*) langsam an das neue Haus.

_____

7. Herr Keller bezahlt im Voraus (*pays in advance*).

_____

8. Das Mädchen erfährt etwas Wichtiges.

_____

9. Ich vertraue (*trust*) dem Mann nicht.

_____

10. Wir entspannen uns erst einmal (*relax a moment*).

_____

ÜBUNG
10·3

Reword each sentence in the present perfect tense.

1. Sie teilt ihm die neuesten Nachrichten (*latest news*) mit.

_____

2. Ich drehe mich schnell um (*turn around*).

_____

3. Sabine stellt ihren neuen Freund vor (*introduces*).

_____

4. Er hört dem Redner (*speaker*) nicht zu.

_____

5. Warum machen Sie das Fenster auf?

_____

6. Der Soldat führt meinen Befehl auf (*carries out my command*).

_____

7. Wir wärmen die Suppe auf (*warm the soup up*).

   _____

8. Ina hat eine grüne Bluse an (*has on*).

   _____

9. Die Firma stellt vier Arbeiter ein (*employs*).

   _____

10. Wir blicken da nicht durch (*make it out*).

   _____

Irregular verbs

English irregular past participles are formed in much the same way as German irregular past participles: the vowel in the stem or the entire stem is changed, and the past participle *most often* ends in **-en**. For example:

INFINITIVE	PAST TENSE	PRESENT PERFECT TENSE
drink	*drank*	*have/has drunk*
speak	*spoke*	*have/has spoken*
write	*wrote*	*have/has written*

Let's look at some examples in German.

INFINITIVE		PAST TENSE	PRESENT PERFECT TENSE
schreiben	*write*	schrieb	haben geschrieben
sprechen	*speak*	sprach	haben gesprochen
trinken	*drink*	trank	haben getrunken
lesen	*read*	las	haben gelesen
geben	*give*	gab	haben gegeben
essen	*eat*	aß	haben gegessen

When prefixes are added to irregular past participles, they follow the same patterns as regular past participles. The inseparable prefixes replace the **ge-** suffix. Separable prefixes retain the suffix **ge-** and precede it. For example:

Inseparable prefixes

Er hat es beschrieben.	*He described it.*
Erik hat dieses Café empfohlen.	*Erik recommended this café.*
Sie haben es mir versprochen.	*They promised it to me.*

Separable prefixes

Sie hat den Brief angenommen.	*She accepted the letter.*
Ich habe zu viel Geld ausgegeben.	*I spent too much money.*
Hast du heute Morgen angerufen?	*Did you phone this morning?*

The following list of verbs provides a comparison of the present tense with the past tense and past participle. Refer to this list to help you with the exercises.

INFINITIVE		PRESENT TENSE	PAST TENSE	PAST PARTICIPLE
beginnen	*begin*	beginnt	begann	begonnen
bitten	*ask, request*	bittet	bat	gebeten
bleiben	*stay*	bleibt	blieb	geblieben
brechen	*break*	bricht	brach	gebrochen
essen	*eat*	isst	aß	gegessen
fallen	*fall*	fällt	fiel	gefallen
finden	*find*	findet	fand	gefunden
fliegen	*fly*	fliegt	flog	geflogen
geschehen	*happen*	geschieht	geschah	geschehen
halten	*hold*	hält	hielt	gehalten
laufen	*run*	läuft	lief	gelaufen
riechen	*smell*	riecht	roch	gerochen
scheinen	*shine, seem*	scheint	schien	geschienen
schlagen	*hit*	schlägt	schlug	geschlagen
schließen	*close*	schließt	schloss	geschlossen
schwimmen	*swim*	schwimmt	schwamm	geschwommen
sitzen	*sit*	sitzt	saß	gesessen
steigen	*climb*	steigt	stieg	gestiegen
trinken	*drink*	trinkt	trank	getrunken
waschen	*wash*	wäscht	wusch	gewaschen
werfen	*throw*	wirft	warf	geworfen
ziehen	*pull*	zieht	zog	gezogen

This is only a partial list of irregular past participles. See the Appendix at the end of this book for the complete list. Refer to the Appendix to form irregular past participles with accuracy.

The past perfect tense describes an action that began and ended in the past. The patterns of the present perfect tense are identical in the past perfect tense. The difference is the past perfect tense uses the past tense **hatten** in place of **haben**. For example:

Er **hatte** ein Buch bekommen. *He had received a book.*

Wir **hatten** kein Bier getrunken. *We hadn't drunk any beer.*

ÜBUNG
10·4

Reword the following sentences in the present perfect and past perfect tenses.

EXAMPLE Er trinkt keine Milch.

Er hat keine Milch getrunken.

Er hatte keine Milch getrunken.

1. Er spricht sehr laut.

_____

_____

2. Wir werfen ihr den Ball zu.

_____

_____

3. Ich beschreibe die Berge.

_____

_____

4. Bekommst du eine Ansichtskarte (*picture postcard*)?

_____

_____

5. Mein Bruder vergisst seinen Pass (*passport*).

_____

_____

6. Dieses harte Brot (*hard bread*) vertrage (*stand, tolerate*) ich nicht.

_____

_____

7. Schließt du die Tür?

_____

_____

8. Meine Eltern sitzen im Wohnzimmer (*living room*).

_____

_____

9. Bricht sie sich das Bein (*leg*)?

_____

_____

10. Wann wascht ihr Wäsche (*laundry*)?

_____

_____

11. Ich lese die Zeitung.

_____

_____

12. Das Kind schließt müde die Augen (*eyes*).

_____

_____

13. Sabine zieht sich das Kleid aus.

_____

_____

14. Begeht (*commit*) der Mann ein Verbrechen (*crime*)?

_____

_____

15. Ich schlage wieder die Zeit tot (*killing time*).

_____

_____

The verbs haben, sein, and werden

The verbs **haben**, **sein**, and **werden** are irregular although **haben** forms a regular past participle (**gehabt**). In addition, **sein** and **werden** use **sein** as their auxiliary in the perfect tenses. Let's look at the complete present perfect tense conjugation of each of these verbs. Note that **sein** is translated as *have/has* in the perfect tenses. Remember that the more appropriate translation of the German present perfect is the simple past tense in English.

	haben	sein	werden
ich	habe gehabt *have had*	bin gewesen *have been*	bin geworden *have become*
du	hast gehabt	bist gewesen	bist geworden
er	hat gehabt	ist gewesen	ist geworden

	haben	sein	werden
wir	haben gehabt	sind gewesen	sind geworden
ihr	habt gehabt	seid gewesen	seid geworden
Sie	haben gehabt	sind gewesen	sind geworden
sie *pl.*	haben gehabt	sind gewesen	sind geworden
man	hat gehabt	ist gewesen	ist geworden

The auxiliary sein

Remember that most transitive verbs can be accompanied by a direct object. For example: **Karl hat einen Mantel gekauft**. *Karl bought a coat.* In this example, **einen Mantel** is the direct object, which indicates that the verb is transitive and its auxiliary is, therefore, **haben**.

The auxiliary **sein** is used with many intransitive verbs. The most easily identified verbs that require **sein** as their auxiliary in the perfect tenses are the *verbs of motion*. These verbs show a movement from one place to another. Let's look at some commonly used verbs of motion that use **sein** as their auxiliary. Notice that some verbs of motion are regular and others are irregular.

INFINITIVE	PRESENT TENSE	PAST TENSE	PRESENT PERFECT TENSE	
fahren	sie fährt	fuhr	ist gefahren	*has driven, drove*
gehen	wir gehen	gingen	sind gegangen	*have gone, went*
kommen	er kommt	kam	ist gekommen	*has come, came*
laufen	ich laufe	lief	bin gelaufen	*have run, ran*
marschieren	er marschiert	marschierte	ist marschiert	*has marched, marched*
reisen	du reist	reistest	bist gereist	*have traveled, traveled*

Other verbs that use **sein** as their present perfect tense auxiliary show a *state of being* that is out of the control of the doer of the action. This action *occurs* on its own. For example:

INFINITIVE	PRESENT TENSE	PAST TENSE	PRESENT PERFECT TENSE	
bleiben	er bleibt	blieb	ist geblieben	*has stayed, stayed*
sein	ich bin	war	bin gewesen	*have been, was*
sterben	sie stirbt	starb	ist gestorben	*has died, died*
umkommen	du kommst um	kamst um	bist umgekommen	*have died, died*
werden	wir werden	wurden	sind geworden	*have become, became*

In the past perfect tense, the auxiliary **sein** becomes **war**, **warst**, **wart**, and **waren**. For example:

ich war gekommen	*I had come*
du warst gekommen	*you had come*
er war gekommen	*he had come*
wir waren gekommen	*we had come*
ihr wart gekommen	*you had come*
Sie waren gekommen	*you had come*
sie waren gekommen	*they had come*

Give the present perfect tense conjugation for the following verbs with the subjects provided.

1. sterben *die*

ich _____

du _____

er _____

wir _____

2. reisen *travel*

_____

_____

_____

_____

3. abfahren *depart*

ich _____

sie s. _____

ihr _____

Sie _____

4. entfliehen *escape*

_____

_____

_____

_____

5. weggehen *go away*

du _____

er _____

wir _____

sie *pl.* _____

6. mitkommen *come along*

_____

_____

_____

_____

7. zurücklaufen *run back*

ich _____

du _____

er _____

man _____

8. fortreisen *travel on*

_____

_____

_____

_____

9. aussteigen *get out, alight*

ich _____

wir _____

ihr _____

man _____

10. umkommen *die*

_____

_____

_____

_____

Reword each sentence in the present perfect and past perfect tenses.

1. Er bestellt ein Glas Bier.

   _____

   _____

2. Gehst du ins Kino (*movies*)?

   _____

   _____

3. Thomas bleibt in der Hauptstadt (*capital*).

   _____

   _____

4. Ich mache alle Fenster auf.

   _____

   _____

5. Die Studenten diskutieren (*discuss*) das Examen.

   _____

   _____

6. Meine Tochter hat ein Problem.

   _____

   _____

7. Die Jungen stehen um sieben Uhr auf.

   _____

   _____

8. Sind Sie krank?

   _____

   _____

9. Das Wetter wird immer schlechter (*worse and worse*).

10. Warum stirbt diese Sorte (*species, kind*) aus?

11. Der Zug kommt um halb neun (*eight thirty*).

12. Wir steigen am Marktplatz aus.

13. Martin zieht sich um.

14. Der Tourist beschreibt die schönen Berge.

15. Der Junge läuft zur Schule.

Modal auxiliaries and double infinitives

The modal auxiliaries are verbs that combine with an infinitive and shade the meaning of that infinitive to suggest *desire*, *obligation*, *ability*, or *permission*. Consider the following English sentences that include a modal auxiliary.

Desire	*I **want to** visit my uncle.*
Obligation	*I **have to** visit my uncle.*
Ability	*I **can** visit my uncle.*
Permission	*I **may** visit my uncle.*

The German modal auxiliaries function in a very similar way. Let's look at the present tense conjugation of each of them.

dürfen *may, allowed to*		**können** *can, be able to*	
ich darf	wir dürfen	ich kann	wir können
du darfst	ihr dürft	du kannst	ihr könnt
er darf	sie (*pl.*) dürfen	er kann	sie (*pl.*) können

mögen *like*		**müssen** *must, have to*	
ich mag	wir mögen	ich muss	wir müssen
du magst	ihr mögt	du musst	ihr müsst
er mag	sie (*pl.*) mögen	er muss	sie (*pl.*) müssen

sollen *should*		**wollen** *want to*	
ich soll	wir sollen	ich will	wir wollen
du sollst	ihr sollt	du willst	ihr wollt
er soll	sie (*pl.*) sollen	er will	sie (*pl.*) wollen

Notice that the conjugation with the singular pronouns (**ich**, **du**, **er**) is different from the conjugation with the plural pronouns (**wir**, **ihr**, **sie** *pl.*).

The modal auxiliaries can combine with infinitives. When this occurs, the infinitive is the last element in the sentence. For example:

Das **darfst** du nicht **sagen**.	*You're not allowed to say that.*
Wir **können** euch **helfen**.	*We can help you.*

Wie lange **muss** ich **warten**?	*How long do I have to wait?*
Ihr **sollt** sofort damit **aufhören**!	*You should stop that immediately!*
Er **will** in die Stadt **fahren**.	*He wants to drive to the city.*

The modal auxiliary **mögen** has some unique usages. When it stands alone in a sentence, it means *like*. For example:

| Der Mann **mag** mich nicht. | *The man doesn't like me.* |

But combined with an infinitive, the meaning is more like *may* or *might*. For example:

| Wie viel Wasser **mag** das sein? | *How much water might that be?* |

A very high-frequency function of **mögen** occurs when it is conjugated in the past subjunctive (The subjunctive is taken up in Chapter 21.). In that form, the verb can stand alone or be combined with an infinitive and means *would like*.

| **Möchten** Sie ein Glas Bier? | *Would you like a glass of beer?* |
| Ich **möchte** gerne wissen, was das bedeutet. | *I would really like to know what that means.* |

ÜBUNG
11·1

Reword each sentence by conjugating the modal auxiliary provided in parentheses in the present tense with the subject of the sentence. Make any other necessary changes.

EXAMPLE   Er geht nach Hause.

(wollen) *Er will nach Hause gehen.*

Sie spricht Deutsch und Italienisch.

1. (können) _____

2. (wollen) _____

Ich bleibe den ganzen Tag (*whole day*) zu Hause.

3. (müssen) _____

4. (sollen) _____

Meine Schwester kommt nicht mit.

5. (dürfen) _____

6. (wollen) _____

Schreibst du ihm einen Brief?

7. (können) _____

8. (müssen) _____

Was isst sie zu ihrem Essen?

9. (mögen) _____

10. (wollen) _____

Modal auxiliaries in the past tense and with past participles

When the modals are conjugated in the past tense, they resemble regular verbs. The past tense suffix (-te) is used with all the modal auxiliaries, but, if there is an umlaut in the infinitive, the umlaut is omitted in the past tense. For example:

dürfen	ich durfte, du durftest, er durfte, wir durften, ihr durftet
können	ich konnte, du konntest, er konnte, wir konnten, ihr konntet
mögen	ich mochte, du mochtest, er mochte, wir mochten, ihr mochtet
müssen	ich musste, du musstest, er musste, wir mussten, ihr musstet
sollen	ich sollte, du solltest, er sollte, wir sollten, ihr solltet
wollen	ich wollte, du wolltest, er wollte, wir wollten, ihr wolltet

If a modal auxiliary is not accompanied by an infinitive, the past participle that is formed resembles the past participle of a regular verb. If the infinitive has an umlaut, the umlaut is omitted in the past participle. The present perfect tense auxiliary and the past perfect tense auxiliary are **haben** and **hatten**, respectively. For example:

dürfen	er hat/hatte gedurft
können	er hat/hatte gekonnt
mögen	er hat/hatte gemocht
müssen	er hat/hatte gemusst
sollen	er hat/hatte gesollt
wollen	er hat/hatte gewollt

ÜBUNG
11·2

Conjugate each modal auxiliary in the present, past, and present perfect tenses with the subject provided.

1. (wollen)

PRESENT er _____

PAST er _____

PRESENT PERFECT er _____

2. (müssen)

PRESENT wir _____

PAST wir _____

PRESENT PERFECT wir _____

3. (sollen)

PRESENT ihr _____

PAST ihr _____

PRESENT PERFECT ihr _____

4. (können)

PRESENT er _____

PAST sie *pl.* _____

PRESENT PERFECT ich _____

5. (mögen)

PRESENT sie *s.* _____

PAST du _____

PRESENT PERFECT wir _____

6. (dürfen)

PRESENT er _____

PAST ich _____

PRESENT PERFECT du _____

Double infinitives

When a modal auxiliary is accompanied by an infinitive, a past participle is not used in the perfect tenses. Instead, a *double infinitive* is formed. A double infinitive is precisely what it sounds like: two infinitives standing side by side. Although the verbs are in infinitive form, their translation into English is made as if the verbs were in a perfect tense. Let's look at some examples and compare the present tense sentence with the present perfect tense sentence.

Mein Vater will einen Wagen kaufen.	*My father wants to buy a car.*
Mein Vater hat einen Wagen **kaufen wollen**.	*My father wanted to buy a car.*
Sie kann gut tanzen.	*She can dance well.*
Sie hat gut **tanzen können**.	*She could dance well.*
Ich muss in die Schweiz reisen.	*I have to travel to Switzerland.*
Ich habe in die Schweiz **reisen müssen**.	*I had to travel to Switzerland.*

Reword each present tense sentence in the present perfect tense.

1. Die Frau will die Kinder warnen (*warn*).

_____

2. Der Ausländer kann den Brief nicht lesen.

_____

3. Das darf man nicht in der Kirche machen.

_____

4. Sie müssen die Sätze übersetzen (*translate the sentences*).

_____

5. Sie sollen uns nicht mit dem Tabakrauch belästigen (*bother with tobacco smoke*).

_____

6. Der alte Mann darf die Reise nicht machen.

_____

7. Ich muss die Hunde wegjagen (*chase away*).

_____

8. Er mag keine Bücher lesen.

_____

9. Wir wollen jeden Tag Fußball spielen.

_____

10. Die Studenten dürfen die Bibliothek benutzen (*use the library*).

_____

11. Du sollst fleißiger (*more dilligently*) arbeiten.

_____

12. Diese Jungen können nicht schwimmen.

_____

13. Sie soll sich gut benehmen (*behave*).

_____

14. Wer will so etwas (*something like that*) machen?

_____

15. Der Professor kann seine Brille (*glasses*) nicht finden.

_____

Reword each present perfect tense sentence in the present and past tenses.

1. Wir haben ins Ausland (*abroad*) reisen wollen.

   _____

   _____

2. Er hat kein Wort verstehen können.

   _____

   _____

3. Die Jungen haben im Garten arbeiten müssen.

   _____

   _____

4. Ich habe mir die Hände waschen sollen.

   _____

   _____

5. Der Mann hat nicht rauchen (*smoke*) dürfen.

   _____

   _____

The verbs helfen, hören, lassen, and sehen

The verbs **helfen**, **hören**, **lassen**, and **sehen** follow the pattern of a double infinitive in the perfect tenses when they are accompanied by an infinitive. In the present and past tenses, they are conjugated normally. Let's look at some example sentences.

Karl hilft dem Mann arbeiten.	*Karl helps the man work.*
Karl half dem Mann arbeiten.	*Karl helped the man work.*
Karl hat dem Mann **arbeiten helfen**.	*Karl helped the man work.*
Ich höre sie singen.	*I hear her singing.*
Ich hörte sie singen.	*I heard her singing.*
Ich habe sie **singen hören**.	*I heard her singing.*
Er lässt den Wagen waschen.	*He has the car washed.*
Er ließ den Wagen waschen.	*He had the car washed.*
Er hat den Wagen **waschen lassen**.	*He had the car washed.*
Siehst du die Kinder spielen?	*Do you see the children playing?*
Sahst du die Kinder spielen?	*Did you see the children playing?*
Hast du die Kinder **spielen sehen**?	*Did you see the children playing?*

Modal auxiliaries and double infinitives   **105**

The verb **lassen** means *let* or *leave* when not accompanied by an infinitive. For example:

Lass den Mann in Frieden! *Leave the man in peace!*

When **lassen** is combined with an infinitive, it acquires a special meaning: *have* or *get something done*. For example:

Sie **lässt** ein neues Kleid machen. *She has/gets a new dress made.*

ÜBUNG
11·5

Reword each sentence in the present tense by conjugating the verb with the subject provided in parentheses. Make any other necessary changes.

EXAMPLE   Die Jungen schwimmen.

(er / sehen) *Er sieht die Jungen schwimmen.*

1. Martin schreit laut (*shouts loudly*).

   (wir / hören) _____

2. Die Kinder pflanzen (*plant*) Blumen.

   (ich / helfen) _____

3. Ihre Freunde spielen Tennis.

   (sie *s.* / sehen) _____

4. Das verlorene (*lost*) Kind weint.

   (du / hören) _____

5. Die junge Dame trägt die schweren Koffer (*heavy suitcases*).

   (er / helfen) _____

Follow the same directions, but write the sentences in the past tense.

6. Die Vögel fliegen über dem Wald (*birds fly over the woods*).

   (die Wanderer [*hikers*] / sehen) _____

7. Meine Eltern flüstern (*whisper*) im Keller (*basement*).

   (ich / hören) _____

8. Du übersetzt den Artikel.

   (niemand / helfen) _____

9. Eine Freundin steht an der Ecke (*corner*).

   (du / sehen) _____

10. Die Männer streiten (*argue*).

    (wir / hören) _____

Reword each sentence in the missing tenses.

1. PRESENT <u>Ich sehe meinen Sohn im Garten arbeiten.</u>

   PAST _____

   PRESENT PERFECT _____

   PAST PERFECT _____

2. PRESENT _____

   PAST <u>Er ließ einen Anzug (*suit*) machen.</u>

   PRESENT PERFECT _____

   PAST PERFECT _____

3. PRESENT _____

   PAST _____

   PRESENT PERFECT <u>Wir haben unseren Nachbarn (*neighbors*) helfen wollen.</u>

   PAST PERFECT _____

4. PRESENT _____

   PAST _____

   PRESENT PERFECT _____

   PAST PERFECT <u>Niemand hatte den Mann verstehen können.</u>

5. PRESENT <u>Hören Sie die Kinder lachen?</u>

   PAST _____

   PRESENT PERFECT _____

   PAST PERFECT _____

6. PRESENT _____

   PAST <u>Sie musste ihre Eltern warnen.</u>

   PRESENT PERFECT _____

   PAST PERFECT _____

7. PRESENT _____

   PAST _____

   PRESENT PERFECT <u>Wir haben den Zug in den Bahnhof kommen sehen.</u>

   PAST PERFECT _____

8. PRESENT _____

   PAST _____

   PRESENT PERFECT _____

   PAST PERFECT Wo hatte er seinen Bruder erwarten sollen?

9. PRESENT Erik lässt sein Fahrrad reparieren.

   PAST _____

   PRESENT PERFECT _____

   PAST PERFECT _____

10. PRESENT _____

    PAST Durftet ihr die Bücherei (*library*) benutzen?

    PRESENT PERFECT _____

    PAST PERFECT _____

ÜBUNG
11·7

Choose the letter of the word or phrase that best completes each sentence.

1. Monika _____ das Flugzeug landen sehen.
   a. konntet   b. hat   c. ist   d. ließ

2. Ich _____ meine Verwandten in Amerika besuchen.
   a. wollte   b. habe   c. hatte   d. könnt

3. Du sollst dich besser _____.
   a. vergasst   b. hören   c. gehen   d. benehmen

4. Hier _____ man nicht rauchen.
   a. darf   b. sollt   c. hilft   d. wollen

5. Wir haben die Männer _____.
   a. singen hören b. im Garten helfen c. Fußball spielen d. reparieren lassen

6. Die Lehrerin ließ die Schüler einen Aufsatz (*essay*) _____.
   a. schreiben   b. bekommen   c. helfen   d. sehen

7. Ich habe es nicht _____.
   a. wollen   b. besuchen   c. hören   d. gekonnt

8. Ich _____ ein Glas Milch.
   a. möchte   b. wolltet   c. kann   d. lässt

9. Alle _____ die Prüfung bestehen (*pass the test*).
   a. wollten   b. hören   c. muss   d. solltest

10. Die Katze hatte den Hund _____.
    a. hören   b. kommen sehen c. laufen helfen d. lassen

Negation and imperatives ◆·12·◆

The German negative words are **nicht** and **kein**. They negate different elements of a sentence much like English.

Negation

English has two basic ways of using negation in a sentence. If the negative is adverbial, the adverb *not* is used. The second kind of English negation is followed by *not a(n)* or *no*. This form of negation is used to negate a noun (*This is **not a** problem.*). The determiner *no* does not require the negative adverb *not* (*I have **no** money.*).

Nicht

German is quite similar in its approach to negation. The adverb **nicht** is used to negate verbs. Let's look at a few examples.

Ich weiß **nicht**, wo Thomas ist.	*I do not know where Thomas is.*
Ihr Mann schläft **nicht**.	*Her husband isn't sleeping.*

In general, the adverb **nicht** is placed after the conjugated verb. But in a question or when something other than the subject begins the sentence, the verb precedes the subject, and the adverb **nicht** follows the subject. For example:

Kommst du **nicht** mit?	*Aren't you coming along?*
Heute arbeiten wir **nicht**.	*We're not working today.*
Nach dem Abendessen lese ich **nicht**.	*After supper I don't read.*

When sentences become more complicated, the position of **nicht** is not so simple. Let's look at some of the other positions that **nicht** can have in a sentence.

Nicht follows most adverbs.

Ich will heute **nicht** üben.	*I don't want to play today.*
Die Touristen sind noch **nicht** abgefahren.	*The tourists haven't departed yet.*

Nicht tends to follow direct objects.

Ich will diese Berge **nicht** fotografieren.	*I don't want to photograph these mountains.*
Erik hat seine Freundin **nicht** besucht.	*Erik didn't visit his girlfriend.*

Nicht precedes adverbs that identify manner (how).

Sie spielt die Geige **nicht** gut.	*She doesn't play the violin well.*
Warum kam er **nicht** schnell nach Hause?	*Why didn't he come home quickly?*

Nicht precedes most prepositional phrases.

Sie haben **nicht** auf uns gewartet.	*They didn't wait for us.*
Frauen arbeiten **nicht** in dieser Fabrik.	*Women do not work in this factory.*

If more than one of these elements is in a sentence [(1) adverb, (2) direct object, (3) adverb of manner, or (4) prepositional phrase], the rules suggested are still followed. For example:

Wir wollten (1) gestern **nicht** (3) ins Kino gehen.	*We didn't want to go to the movies yesterday.*
Der Vater hat (2) seine Kinder **nicht** (3) gut behandelt.	*The father didn't treat his children well.*
Ich bin (1) gestern **nicht** (4) in die Schweiz geflogen.	*I didn't fly to Switzerland yesterday.*

Just like English, German can put the negative **nicht** in other positions in order to emphasize a specific element in the sentence. When this occurs, a phrase introduced by **sondern** (*but rather*) usually follows.

Normal position of nicht

Sabine zeigt mir den neuen Wagen **nicht**.	*Sabine doesn't show me the new car.*
Ich komme morgen **nicht**.	*I'm not coming tomorrow.*

Nicht with a specific element

Sabine zeigt mir **nicht** den neuen Wagen, sondern den alten.	*Sabine doesn't show me the new car but rather the old one.*
Ich komme **nicht** morgen, sondern am Freitag.	*I'm not coming tomorrow but rather on Friday.*

12·1

*Reword each sentence by placing **nicht** in the appropriate position.*

EXAMPLE   Sie hat das Buch.

Sie hat das Buch nicht.

1. Sie können heute lange bleiben.

_____

2. Wohnen Sie in Darmstadt?

_____

3. Letzte Woche war sie noch krank.

_____

4. Mein Onkel singt schlecht.

_____

5. Unsere Gäste wollen heute Abend tanzen gehen.

_____

6. Warum beklagst (_complain_) du dich?

_____

7. Der Stuhl steht zwischen dem Schrank und dem Tisch.

_____

8. Soll die Lampe über dem Tisch hängen?

_____

9. Das alte Flugzeug fliegt schnell über die Wolken.

_____

10. Ich trage heute meinen Regenmantel (_raincoat_).

_____

11. Der Vogel sitzt auf dem hohen Dach (_high roof_).

_____

12. Gudrun hat ihren kleinen Bruder geschlagen.

_____

13. Er musste mich anrufen.

_____

14. Mozart war sehr musikalisch (_musical_).

_____

15. Warum hast du diesen Brief zerrissen (_torn up_)?

_____

16. Schreiben Sie den Brief an Ihre Tante?

_____

17. Diese Studenten haben fleißig gearbeitet.

_____

18. Sie ist gestern in der Nähe (_in the vicinity_) von Hannover gewesen.

_____

19. Hört der Regen (_rain_) auf?

_____

20. Die Jungen sind über die Brücke (_bridge_) gelaufen.

_____

21. Viele Studenten haben das Examen bestanden.

_____

22. Im Park sitzen die jungen Leute auf den Bänken (*benches*).

_____

23. In der Ferne (*distance*) erblickte der Wanderer die Räuber (*robbers*).

_____

24. Wir nehmen an dem Besuch der Oper teil (*participate in*).

_____

25. Mein Großvater kann sich an seine Jugend erinnern (*remember his youth*).

_____

_____

ÜBUNG
12·2

Reword each sentence by placing **nicht** in the position that emphasizes a specific element. Add an appropriate phrase introduced by **sondern**.

EXAMPLE   Sie gibt mir das Buch nicht.

Sie gibt mir nicht das Buch, sondern die Zeitung.

1. Wir sind am Montag nicht abgefahren.

_____

2. Er will das kleine Haus nicht kaufen.

_____

3. Sie fahren heute nicht ins Restaurant.

_____

4. Er nennt den jungen Mann nicht einen Dieb (*calls the man a thief*).

_____

5. Die Studentin begegnete (*met*) dem Professor nicht.

_____

6. Das alte Lehrbuch (*textbook*) nützt (*be useful*) dem Studenten nicht.

_____

7. Ich hänge das Bild nicht über das Klavier.

_____

8. Der Junge will die neuen Wörter nicht vergessen.

_____

9. Die Kinder bitten die Mutter nicht um Süßigkeiten.

_____

10. Ich weiß die Hausnummer (*address*) nicht.

_____

Kein

The **ein**-word **kein** is a negative and modifies nouns. Unlike **nicht**, it is not used adverbially. It is, instead, the negative form of **ein** and means *not a*, *not any*, or *no*. Let's look at some examples in which **ein** is replaced by **kein**. Take note of the difference in the meaning of each pair of sentences.

Das ist **ein** Nilpferd.	*That is a hippopotamus.*
Das ist **kein** Nilpferd.	*That is not a hippopotamus.*
Haben Sie **einen** Pass?	*Do you have a passport?*
Haben Sie **keinen** Pass?	*Don't you have a passport?*
Ich brauche **ein** Hemd.	*I need a shirt.*
Ich brauche **kein** Hemd.	*I need no shirt./I don't need a shirt.*

Just like **ein**, **kein** can be used with all three genders and in all the cases. But remember that **kein** can also be used in the plural.

Singular

Wir warten auf einen Freund.	*We're waiting for a friend.*
Wir warten auf **keinen** Freund.	*We're not waiting for a friend.*
Ich habe einen Vogel gesehen.	*I saw a bird.*
Ich habe **keinen** Vogel gesehen.	*I didn't see a bird.*
Er hilft einem Ausländer damit.	*He helps a foreigner with it.*
Er hilft **keinem** Ausländer damit.	*He doesn't help any foreigner with it.*

Plural

Wir warten auf Freunde.	*We're waiting for friends.*
Wir warten auf **keine** Freunde.	*We're not waiting for any friends.*
Ich habe Vögel gesehen.	*I saw birds.*
Ich habe **keine** Vögel gesehen.	*I didn't see any birds.*
Er hilft Ausländern damit.	*He helps foreigners with it.*
Er hilft **keinen** Ausländern damit.	*He doesn't help any foreigners with it.*

*Reword each sentence by negating **ein** with **kein**.*

1. In diesem Haus wohnt ein Schauspieler (*actor*).

   _____

2. Hast du eine Prüfung bestanden?

   _____

3. Das Mädchen hat eine schöne Bluse verloren.

   _____

4. Gute Menschen helfen den Armen.

   _____

5. Der Uhrmacher zieht eine Uhr auf (*winds*).

   _____

6. Im Schatten verbergen sich Diebe (*hide in the shadows*).

   _____

7. Im März können Obstbäume (*fruit trees*) blühen (*bloom*).

   _____

8. Wachsen auf dieser tropischen Insel (*tropical island*) Tannen (*fir trees*)?

   _____

9. Dieser Fahrer hat ein Autorennen (*auto race*) gewonnen.

   _____

10. Die Schülerin lernt neue Wörter und ein Gedicht (*poem*).

    _____

11. An der Straßenecke stand ein Bettler (*beggar*).

    _____

12. Auf dem Sportplatz (*athletic field*) rennen Kinder hin und her (*run around*).

    _____

13. Warum reißt (*rip*) du ein Blatt (*page*) aus dem Buch?

    _____

14. Unser Hund hat einen Fremden gebissen (*bit a stranger*).

    _____

15. Unter dem Esstisch schlafen Katzen.

_____

16. Diese Sängerin (*singer*) hat wie eine Nachtigall (*nightingale*) gesungen.

_____

17. Der Erfinder (*inventor*) hat einen neuen Motor erfunden (*invented*).

_____

18. Ich schreibe Ansichtskarten und einen langen Brief.

_____

19. Er pfeift ein Lied (*whistles a song*).

_____

20. Sie können Kinder zu lernen zwingen.

_____

21. Das Mädchen hat einen Ball ins Wasser geworfen.

_____

22. Unfälle (*accidents*) geschehen täglich (*daily*).

_____

23. Hast du dem Kellner (*waiter*) ein Trinkgeld (*tip*) gegeben?

_____

24. Der Verkäufer (*salesman*) legte Waren (*goods*) auf den Tisch.

_____

25. In dieser Straße sind große Geschäfte (*stores*).

_____

Gar

The particle word **gar** emphasizes the negation of a word. It can be used with either **nicht** or **kein** and in both cases means *at all*. It is often added to an emphatic, negative response to a positive statement. For example:

Positive	Der Mann ist sehr krank.	*The man is very sick.*
Negative	Der Mann ist **gar** nicht krank.	*That man is not sick at all.*
Positive	Sie hat viel Geld.	*She has a lot of money.*
Negative	Sie hat **gar** kein Geld.	*She has no money at all.*

Let's look at more examples of the use of this participle word:

Er wird vorwärts kommen.	*He will get ahead.*
Er wird **gar** nicht vorwärts kommen.	*He will not get ahead at all.*
Es ist zu spät.	*It is too late.*
Es ist **gar** nicht zu spät.	*It is not too late at all.*
Sonja besitzt viele alte Bücher.	*Sonja owns many old books.*
Sonja besitzt **gar** keine alten Bücher.	*Sonja doesn't own any old books at all.*
Das Kind lernt neue Wörter.	*The child learns new words.*
Das Kind lernt **gar** keine neuen Wörter.	*The child doesn't learn any new words at all.*

The rules that govern the use of **nicht** and **kein** are not altered by the addition of the particle word **gar**.

Nie and nichts

The adverb **nie** (*never*) is sometimes stated as **niemals**. When added to a sentence, like other adverbs, it cannot be declined. Instead, it tells that the action of the verb in the sentence is *never carried out*. For example:

Er kommt **nie** pünktlich nach Hause.	*He never comes home on time.*
Ich bin **niemals** in Madrid gewesen.	*I have never been in Madrid.*
Warum sprichst du **nie** von deiner Frau?	*Why don't you ever speak of your wife?*
Ich will sie **niemals** besuchen.	*I never want to visit them.*

The negative indefinite pronoun **nichts** means *nothing*. It can be used like other pronouns; however, it never declines. It has only the one form. For example:

Nichts ist wichtiger als meine Familie.	*Nothing is more important than my family.*
Ich habe **nichts** zu sagen.	*I have nothing to say.*
Von mir bekam er **nichts** mehr.	*He got nothing more from me.*
Von **nichts** kommt **nichts**.	*You get nothing when you do nothing (don't show some effort).*

ÜBUNG
12·4

Choose the letter of the word or phrase that best completes each sentence.

1. In der Ferne sehe ich _____.
   a. gar nicht   b. nichts   c. kein Mann   d. gar nicht

2. Wir haben die USA _____ besucht.
   a. niemals   b. gar   c. gar kein   d. keine

3. Mein Sohn braucht _____.
   a. kein Wagen   b. nicht hier   c. keine neuen Schuhe   d. gar nicht

4. Wir sind _____ nicht in der Hauptstadt
   a. kein   b. gar kein   c. heute   d. gar nichts

5. Der König herrscht (*king rules*) _____ über das Land.
   a. gar kein   b. gar   c. nicht mehr   d. nichts

6. Ich muss heute Abend _____ schreiben.
   a. nicht Brief   b. ein Brief   c. diesen Briefen   d. keinen Brief

7. Ich will nicht dieses Buch lesen, _____.
   a. und das andere   b. sondern das andere   c. sondern nicht ihn   d. aber das andere

8. Dieser alte Mann ist _____.
   a. kranker   b. gar nicht gesund   c. nichts   d. gar kein

9. Ich kann das Examen _____ bestehen.
   a. noch nicht   b. gar keine   c. kein   d. kein mehr

10. Wir wollen unseren Urlaub _____ verbringen (*spend vacation*).
   a. gar nichts   b. keine Zeit   c. nicht in der Stadt d. gar keine Reisen

Imperatives

The formation of an imperative or *command* in German is not quite as simple as it is in English. Commands are given to the second person (*you*), and so German has three forms of imperative because German has three words for *you*: **du**, **ihr**, and **Sie**.

Imperatives come from the infinitive of a verb, but the second-person singular conjugation in the present tense must be taken into consideration. If a verb is regular in the present tense, its imperative is quite easy. The **ihr**-form is like the present tense conjugation (**stellt**, **macht**, **hört**). The **Sie**-form is also the present tense conjugation of the pronoun **Sie** with the pronoun following the verb (**stellen Sie**, **machen Sie**, **hören Sie**).

The **du**-form of imperative requires a bit more thought. It is formed from the stem of an infinitive. In many cases, an optional **-e** is added: (**stell[e]**, **mach[e]**, **hör[e]**). Let's look at a variety of verbs with these three forms of imperative. It is very common to conclude an imperative statement with an exclamation point.

INFINITIVE	DU-FORM	IHR-FORM	SIE-FORM	ENGLISH
fragen	Frage(e)!	Fragt!	Fragen Sie!	*ask*
leben	Leb(e)!	Lebt!	Leben Sie!	*live*
pfeifen	Pfeif(e)!	Pfeift!	Pfeifen Sie!	*whistle*
spielen	Spiel(e)!	Spielt!	Spielen Sie!	*play*
suchen	Such(e)!	Sucht!	Suchen Sie!	*search, look for*

If a verb ends in **-eln**, **-ern**, **-nen**, **-igen**, or **-men**, the **-e** in the **du**-form is not an option. It must be used.

INFINITIVE	DU-FORM	IHR-FORM	SIE-FORM	ENGLISH
lächeln	Lächele!	Lächelt!	Lächeln Sie!	*smile*
hämmern	Hämmere!	Hämmert!	Hämmern Sie!	*hammer*
öffnen	Öffne!	Öffnet!	Öffnen Sie!	*open*
entschuldigen	Entschuldige!	Entschuldigt!	Entschuldigen Sie!	*excuse*
atmen	Atme!	Atmet!	Atmen Sie!	*breathe*

If a verb has an irregularity in the present tense that is in the form of a vowel change from **e** to **i** or **ie**, that irregularity occurs in the **du**-form of the imperative. For example:

INFINITIVE	DU-FORM	IHR-FORM	SIE-FORM	ENGLISH
geben	Gib!	Gebt!	Geben Sie!	*give*
sehen	Sieh!	Seht!	Sehen Sie!	*see*

Three verbs that must always be given special attention are **haben**, **sein**, and **werden**.

INFINITIVE	DU-FORM	IHR-FORM	SIE-FORM	ENGLISH
haben	Hab(e)!	Habt!	Haben Sie!	*have*
sein	Sei!	Seid!	Seien Sie!	*be*
werden	Werde!	Werdet!	Werden Sie!	*become, get*

Separable and inseparable prefixes function in the imperative as they do in the present or past tense: only separable prefixes change their position and are located at the end of an utterance. For example:

INFINITIVE	DU-FORM	IHR-FORM	SIE-FORM	ENGLISH
aufhören	Hör(e) auf!	Hört auf!	Hören Sie auf!	*stop, cease*
mitkommen	Komm(e) mit!	Kommt mit!	Kommen Sie mit!	*come along*
besuchen	Besuch(e)!	Besucht!	Besuchen Sie!	*visit*
erwarten	Erwarte!	Erwartet!	Erwarten Sie!	*expect, await*

ÜBUNG
12·5

*Reword each sentence as an imperative in the **du**-form, **ihr**-form, and **Sie**-form.*

EXAMPLE   Thomas fragt den Lehrer.

Frag den Lehrer!

Fragt den Lehrer!

Fragen Sie den Lehrer!

1. Wir sagen es auf Deutsch.

_____

_____

2. Ich empfehle ein Restaurant.

_____

_____

_____

3. Wir bleiben in der Hauptstadt.

_____

_____

_____

4. Er probiert den Kuchen.

_____

_____

_____

5. Er probiert den Mantel an.

_____

_____

_____

6. Wir fahren nach Hause.

_____

_____

_____

7. Sie jagt den Hund weg.

_____

_____

_____

8. Die Kinder singen lauter.

_____

_____

_____

9. Ich zerreiße den Brief.

_____

_____

_____

10. Er ist artig (_behaved_).

_____

_____

_____

Word order and the future tense

When describing word order in a German sentence, it is the positions of the subject and of the verb that require major consideration.

Sentences that begin with the subject

The most common position of these two elements is *subject before verb* if the subject is the first element in the sentence. For example:

SUBJECT	VERB	
Mein Vater	**arbeitet** in der Stadt.	*My father works in the city.*
Wir	**wohnen** nicht weit vom Rathaus.	*We don't live far from city hall.*
Viele Kinder	**spielen** auf dem Sportplatz.	*Many children are playing on the athletic field.*

When an auxiliary of any kind becomes a component of a sentence, it is the auxiliary that follows the subject, and any accompanying verb form stands at the end of the sentence. For example:

SUBJECT	AUXILIARY	VERB	
Mein Freund	**will** eine Reise dorthin	**machen.**	*My friend wants to take a trip there.*
Sie	**hat** einen Roman	**geschrieben.**	*She wrote a novel.*
Frau Benz	**ist** zu Hause	**geblieben.**	*Ms. Benz stayed home.*
Niemand	**hat** es	**verstehen können.**	*No one was able to understand it.*

Using the string of words provided, create a present tense sentence. Then reword the sentence in the past tense and the present perfect tense.

EXAMPLE   er / haben / keine Zeit

Er hat keine Zeit.

Er hatte keine Zeit.

Er hat keine Zeit gehabt.

1. die Männer / bauen / eine Mauer (*wall*)

   PRESENT _____

   PAST _____

   PRESENT PERFECT _____

2. ich / können sprechen / mit ihm

   PRESENT _____

   PAST _____

   PRESENT PERFECT _____

3. Felix / bekommen / viele Geschenke

   PRESENT _____

   PAST _____

   PRESENT PERFECT _____

4. die ganze Familie / reisen / in die Schweiz

   PRESENT _____

   PAST _____

   PRESENT PERFECT _____

5. Herr Keller / lassen reparieren / den alten VW.

   PRESENT _____

   PAST _____

   PRESENT PERFECT _____

Sentences that do not begin with the subject

If something other than the subject begins a sentence, the *verb precedes the subject*. This change of position for the subject and verb occurs when the first element is an adverb, a phrase, or a complete clause. For example:

Adverb	**Heute** fahren wir mit dem Bus.	*We're going by bus today.*
Phrase	**Während des Krieges** wohnten sie in Schweden.	*During the war, they lived in Sweden.*
Clause	**Wenn ich in der Hauptstad bin**, besuche ich meine Tante.	*Whenever I am in the capital city, I visit my aunt.*
Adverb	**Nachher** gehen wir ins Restaurant.	*Afterward we're going to a restaurant.*
Phrase	**Im Winter** gehen wir oft Ski laufen.	*In winter we often go skiing.*
Clause	**Bevor der Zug kam**, musste ich eine Fahrkarte lösen.	*Before the train came, I had to buy a ticket.*

ÜBUNG
13·2

Reword each sentence by placing the words and phrases in parentheses at the beginning of the sentence.

EXAMPLE   Er spielte mit dem Hund.

(gestern) *Gestern spielte er mit dem Hund.*

1. Er hat in der Nähe der Uni (*university*) gewohnt.

(letztes Jahr) _____

(vor einem Monat [a *month ago*]) _____

2. Die Vögel erfrieren (*freeze to death*).

(in großer Kälte [*cold*]) _____

(Wenn es sehr kalt ist) _____

3. Der Chef (*boss*) hat ihn entlassen (*fired*).

(heute Morgen) _____

(am Ende des Tages) _____

4. Die Feuerwehr (*fire department*) kann das Feuer nicht löschen (*put out the fire*).

(leider [*unfortunately*]) _____

(wegen des starken Windes [*strong wind*]) _____

5. Die Blätter (*leaves*) fallen zur Erde (*earth, ground*).

(im Herbst [*autumn*]) _____

(wegen der Kälte) _____

6. Die Frau wacht am Bett des Kranken (*sits by the patient's bed*).

(die ganze Nacht) _____

(jeden Abend) _____

7. Die Tage werden wärmer (*warmer*).

(im Frühling [*spring*]) _____

(Wenn der Winter endlich vorbei [*finally over*] ist) _____

8. Ein Sturm ist ausgebrochen (*storm broke out*).

   (auf dem offenen Meer [*out at sea*]) _____

   (spät in der Nacht) _____

9. Die Touristen steigen an der Haltestelle (*bus stop*) aus.

   (nach einer langen Fahrt) _____

   (Weil der Bus kaputt ist) _____

10. Wir wollen eine Woche an der Ostsee (*Baltic Sea*) bleiben.

    (in den Ferien) _____

    (Wenn wir Norddeutschland besuchen) _____

Yes-no questions

Questions that can be answered with **ja** or **nein** are formed with the verb preceding the subject. For example:

VERB	SUBJECT	
Ist	**Erik** ein Freund von dir?	*Is Erik a friend of yours?*
	Ja, er ist ein Freund von mir.	*Yes, he is a friend of mine.*
	Nein, ich kenne ihn nicht.	*No, I do not know him.*

VERB	SUBJECT	
Können	**Sie** ein bisschen Deutsch?	*Do you know a little German?*
	Ja, ich kann ein bisschen Deutsch.	*Yes, I know a little German.*
	Nein, ich kann kein Deutsch.	*No, I don't know any German.*

VERB	SUBJECT	
Hat	**Sabine** Postkarten gekauft?	*Did Sabine buy postcards?*
	Ja, Sabine hat Postkarten gekauft.	*Yes, Sabine bought postcards.*
	Nein, Sabine hat Ansichtskarten gekauft.	*No, Sabine bought picture postcards.*

ÜBUNG
13·3

The sentences provided are the answers to questions. Provide the appropriate question for each answer.

EXAMPLE Question: *Hat Thomas viele Bücher?*

Answer: Nein, Thomas hat keine Bücher.

1. Question: _____

   Answer: Ja, sie trinken oft Wein.

2. Question: _____

   Answer: Nein, ich höre nichts.

3. Question: _____

   Answer: Ja, Frau Schneider arbeitet bei der Bank.

4. Question: _____

   Answer: Nein, mein Vater hat sehr gut geschlafen.

5. Question: _____

   Answer: Ja, wir werden eine Amerikareise machen.

6. Question: _____

   Answer: Nein, der Schüler wiederholte den kurzen Satz (*sentence*).

7. Question: _____

   Answer: Ja, die Straßenbahn hält vor dem Bahnhof (*railroad station*).

8. Question: _____

   Answer: Nein, sie hat keine Wörter vergessen.

9. Question: _____

   Answer: Ja, wir müssen jede Frage beantworten.

10. Question: _____

    Answer: Nein, in unserem Garten wächst nur Gemüse (*vegetables*).

Questions formed with interrogative words

If a question is formed with an interrogative word (**wer, wen, wem, wessen, was, wie, wann, wo, wohin, warum**), that interrogative word is the first element in the sentence. It is followed by the verb and then the subject. Such questions require a specific answer and not an answer with **ja** or **nein**. For example:

INTERROGATIVE	VERB	SUBJECT	
Wo	**wohnen**	**Ihre Eltern** jetzt?	*Where do your parents live now?*
Meine Eltern wohnen jetzt in Bremen.			*My parents now live in Bremen.*
Wann	**kommt**	**der nächste Zug?**	*When does the next train come?*
Der nächste Zug kommt in zehn Minuten.			*The next train comes in ten minutes.*
Wie viel	**kostet**	**eine Tasche** aus Leder?	*How much does a purse made of leather cost?*
Eine Tasche aus Leder kostet neunzig Euro.			*A purse made of leather costs ninety euros.*

INTERROGATIVE	VERB	SUBJECT	
Mit wem	**tanzt**	**der Student** aus Italien?	*With whom is the student from Italy dancing?*
Der Student aus Italien tanzt mit meiner Schwester.			*The student from Italy is dancing with my sister.*

ÜBUNG
13·4

The sentences provided are the answers to questions. You are to provide the appropriate question for each answer, basing your choice of interrogative on the words in bold.

EXAMPLE   Question: *Wie viele Bücher hat Thomas?*

Answer: Thomas hat **sechs Bücher**.

1. Question: _____

   Answer: Wir werden **vier Tage** in Berlin bleiben.

2. Question: _____

   Answer: Meine Schwester is **acht Jahre alt**.

3. Question: _____

   Answer: Wir fliegen **nach Schweden**.

4. Question: _____

   Answer: Das ist **mein Großvater**.

5. Question: _____

   Answer: Wir stehen gewöhnlich **um sieben Uhr** auf.

6. Question: _____

   Answer: Die Jungen haben **das alte Fahrrad** verkauft.

7. Question: _____

   Answer: Der Lehrer spricht **mit dem Schuldirektor** (*principal*).

8. Question: _____

   Answer: Die kleinen Katzen spielen **mit einem Ball**.

9. Question: _____

   Answer: Der Bariton singt **ausgezeichnet** (*excellently*).

10. Question: _____

   Answer: Ich kann euch **am Wochenende** (*weekend*) besuchen.

Conjunctions that combine words, phrases, and sentences

Conjunctions are used to combine two words, phrases, or sentences. For example, with the conjunction **und**:

Combined words	Vater **und** Mutter	*father and mother*
Combined phrases	die Bevölkerung Deutschlands **und** die Bevölkerung Frankreichs	*Germany's population and France's population*
Combined sentences	Erik arbeitet in der Stadt, **und** Sabine arbeitet zu Hause.	*Erik works in the city, and Sabine works at home.*

There are five conjunctions with which no change in word order is required when combining sentences: **aber** (*but*), **denn** (*because*), **oder** (*or*), **sondern** (*but rather*), and **und** (*and*). For example:

Die Katze schläft auf dem Sofa, **aber** der Hund schläft unter dem Tisch.	*The cat sleeps on the sofa, but the dog sleeps under the table.*
Sie bleibt zu Hause, **denn** sie ist wieder krank.	*She stays home because she is sick again.*
Willst du in die Oper gehen, **oder** willst du ins Theater gehen?	*Do you want to go to the opera, or do you want to go to the theater?*
Ich arbeite nicht bei der Bank, **sondern** ich arbeite bei der Post.	*I don't work at the bank, but rather I work for the post office.*
Klaudia ist Lehrerin, **und** ihr Bruder ist Schuldirektor.	*Klaudia is a teacher, and her brother is a principal.*

The conjunction **sondern** introduces a clause that follows one that is negated by **nicht** or **kein** (Ich arbeite **nicht** bei der Bank, **sondern** ich arbeite bei der Post.). It is common to omit redundant information in the **sondern**-clause. For example:

Ich arbeite nicht bei der Bank, **sondern** bei der Post.

This omission of repeated information is also possible with the other conjunctions.

ÜBUNG
13·5

Complete each sentence with any appropriate clause.

1. Ich habe ein neues Fahrrad, aber _____.

2. Meine Cousine wohnt in Bayern (*Bavaria*), aber _____.

3. Peter mag kaltes Wetter, denn _____.

4. Wir werden bis morgen warten, denn _____.

5. Sollen wir ins Theater gehen, oder _____?

6. Du kannst dich im Keller waschen, oder _____ .

7. Ich höre nicht gern Radio (*do not like*), sondern _____ .

8. Er möchte keinen Kuchen essen, sondern _____ .

9. Tina deckt (*sets*) den Tisch, und _____ .

10. Im Juni fliegen wir nach New York, und _____ .

Conjunctions that introduce a subordinate clause

Other German conjunctions introduce a subordinate clause. Subordinate clauses require the conjugated verb to be the last element in the sentence. Such clauses can be the first clause in a sentence or the second clause. Some commonly used subordinating conjunctions are:

als ob	*as if*
als	*when, as*
da	*since (the reason), as*
dass	*that*
ehe	*before*
nachdem	*after*
ob	*whether (if)*
obwohl	*although*
seitdem	*since (the time)*
während	*while*
weil	*because*
wenn	*whenever, if*

Let's look at some example sentences. Notice that the underlined conjugated verb is the last element in the clause.

Als ich in Hamburg <u>wohnte</u>, ging ich oft in die Oper.	*When I lived in Hamburg, I often went to the opera.*
Sie kann den Artikel nicht lesen, **weil** sie kein Deutsch <u>kann</u>.	*She can't read the article, because she doesn't know any German.*
Nachdem wir gegessen <u>haben</u>, fahren wir mit dem Bus ins Kino.	*After we've eaten, we'll take the bus to the movies.*
Ich weiß nicht, **ob** ich das Examen bestanden <u>habe</u>.	*I don't know if I passed the exam.*
Wenn ich meinen Nachbarn <u>helfe</u>, geben sie mir ein paar Euro.	*Whenever I help my neighbors, they give me a couple of euros.*

Complete each clause with any appropriate phrase.

1. Während _____, musste ich eine kleine Volksschule besuchen.

2. Da _____, konnte er nicht aufstehen.

3. Ehe _____, möchte ich die Speisekarte (*menu*) lesen.

4. Obwohl _____, konnten wir den Tisch nicht aufheben (*lift*).

5. Als _____, lernte ich einen berühmten Dichter (*famous poet*) kennen.

6. Wissen Sie, ob _____?

7. Der Schuldirektor sagt, dass _____.

8. Er hat viel Englisch gelernt, seitdem _____.

9. Wir können nicht schwimmen gehen, weil _____.

10. Herr Bauer macht die Küche sauber (*cleans*), nachdem _____.

Future tense

Consider how English can *imply* a future tense meaning with a present tense conjugation. For example:

> *On Monday we fly to Rome.*
> *Next month we're buying a cottage on Slocum Lake.*

This present tense verb usage to suggest a future tense meaning is also quite common in German. But remember that German does not have a progressive present tense (*we're buying, they're helping, I am studying*). Let's look at some German examples of the present tense verb used to mean the future tense:

Morgen fährt Onkel Heinrich nach Prag.	*Tomorrow Uncle Heinrich is driving to Prague.*
Nächste Woche muss ich viel mehr arbeiten.	*Next week I have to work a lot more.*
Der Zug kommt um vierzehn Uhr.	*The train arrives at two P.M.*

Naturally, to be perfectly clear, one can translate the previous example sentences as:

> *Tomorrow Uncle Heinrich will drive to Prague.*
> *Next week I shall have to work a lot more.*
> *The train will arrive at two P.M.*

*Reword each present tense sentence twice: once with the future tense inferred and once with the future auxiliary **werden**. Begin each sentence with **nächste Woche**.*

EXAMPLE   Er reist in die Stadt.

Nächste Woche reist er in die Stadt.

Nächste Woche wird er in die Stadt reisen.

1. Die Jungen helfen uns im Garten.

_____

_____

2. Die Lehrerin erklärt (*explains*) das Problem.

_____

_____

3. Sie kaufen ein Haus im Vorort (*suburb*).

_____

_____

4. Die Reiter (*riders*) reiten in den Wald (*woods*).

_____

_____

5. Er geht täglich spazieren.

_____

_____

*Follow the same directions, but begin each sentence with **nächstes Jahr**.*

6. Die Stadt baut hier einen Wolkenkratzer (*skyscraper*).

_____

_____

7. Der Schriftsteller (*writer*) schreibt einen neuen Roman.

_____

_____

8. Wir ziehen (*move*) nach München (*Munich*).

_____

_____

9. Erik besucht ein Gymnasium (*preparatory school*).

_____

_____

10. Er wird wieder gesund.

_____

_____

_____

Modal auxiliaries in the future tense

When writing the modal auxiliaries in the future tense, **werden** is conjugated and the modal auxiliary stands at the end of the sentence accompanied by an infinitive. This structure is identical to the double infinitive structure described in Chapter 11. The difference is the use of **werden** in place of **haben**. For example:

PRESENT	Rolf **kann** gut schwimmen.	*Rolf can swim well.*
FUTURE	Rolf **wird** gut schwimmen **können**.	*Rolf will be able to swim well.*
PRESENT	Ich **muss** mehr arbeiten.	*I have to work (study) more.*
FUTURE	Ich **werde** mehr arbeiten **müssen**.	*I will have to work (study) more.*
PRESENT	Du **darfst** ihnen helfen.	*You may help them.*
FUTURE	Du **wirst** ihnen helfen **dürfen**.	*You will be allowed to help them.*
PRESENT	Meine Schwester **will** in Freiburg studieren.	*My sister wants to study in Freiburg.*
FUTURE	Meine Schwester **wird** in Freiburg studieren **wollen**.	*My sister will want to study in Freiburg.*

There are four other verbs that require the use of a double infinitive structure in the future tense: **helfen**, **hören**, **lassen**, and **sehen**. Just as a double infinitive is formed with these verbs in the perfect tenses, they also form a double infinitive in the future tense. For example:

PRESENT	Wir **helfen** ihm arbeiten.	*We help him work.*
FUTURE	Wir **werden** ihm arbeiten **helfen**.	*We will help him work.*
PRESENT	Ich **höre** den Mann pfeifen.	*I hear the man whistling.*
FUTURE	Ich **werde** den Mann pfeifen **hören**.	*I will hear the man whistling.*
PRESENT	Thomas **lässt** sein Fahrrad reparieren.	*Thomas gets his bicycle repaired.*
FUTURE	Thomas **wird** sein Fahrrad reparieren **lassen**.	*Thomas will get his bicycle repaired.*
PRESENT	Ihr **seht** die Jungen Fußball spielen.	*You see the boys play soccer.*
FUTURE	Ihr **werdet** die Jungen Fußball spielen **sehen**.	*You will see the boys play soccer.*

Reword each present tense sentence in the past tense, present perfect tense, and future tense.

1. Tina kann schnell tippen (*type*).

   PAST _____

   PRESENT PERFECT _____

   FUTURE _____

2. Wann kommst du wieder nach Hause?

   PAST _____

   PRESENT PERFECT _____

   FUTURE _____

3. Peter muss einen Kuchen backen.

   PAST _____

   PRESENT PERFECT _____

   FUTURE _____

4. Ich gebe ihr ein paar Rosen.

   PAST _____

   PRESENT PERFECT _____

   FUTURE _____

5. Felix will mit Sonja tanzen.

   PAST _____

   PRESENT PERFECT _____

   FUTURE _____

6. Wieder hören wir den Mann schreien.

   PAST _____

   PRESENT PERFECT _____

   FUTURE _____

7. Der Boxer gewinnt den Kampf (*wins the match*).

   PAST _____

   PRESENT PERFECT _____

   FUTURE _____

8. Niemand sieht ihn das Buch stehlen.

PAST _____

PRESENT PERFECT _____

FUTURE _____

9. Viele Unfälle (*accidents*) geschehen hier.

PAST _____

PRESENT PERFECT _____

FUTURE _____

10. Wir helfen ihr die Briefe schreiben.

PAST _____

PRESENT PERFECT _____

FUTURE _____

11. Wir dürfen nicht im Wald wandern.

PAST _____

PRESENT PERFECT _____

FUTURE _____

12. Man muss vorsichtig (*careful*) sein.

PAST _____

PRESENT PERFECT _____

FUTURE _____

13. Bist du wieder in Heidelberg?

PAST _____

PRESENT PERFECT _____

FUTURE _____

14. Ich habe leider keine Zeit.

PAST _____

PRESENT PERFECT _____

FUTURE _____

15. Wo lassen Sie Ihre Uhr reparieren?

PAST _____

PRESENT PERFECT _____

FUTURE _____

Comparative adjectives and adverbs

The basic form of an adjective as found in a vocabulary list or dictionary is called the *positive form*. A few examples in English are *tall, funny, wicked,* and *interesting.*

Comparative adjectives

When making a comparison between two people or things, the *comparative form* of the adjective is used. Many English adjectives form their comparative by adding the suffix *-er*, for example: *taller* and *funnier*. However, if an adjective comes to English from a foreign source or is a rather long word, its comparative is formed by preceding the adjective with *more*, for example: *more wicked* and *more interesting*.

The two elements that are compared are separated by *than*. For example:

> *She is taller **than** Michael.*
> *This article is more interesting **than** the one you showed me.*

Because English and German are so similar in many ways, it is no surprise that the German comparative resembles the English comparative. One of the main differences, however, is that even foreign adjectives or long adjectives in German form their comparative with the suffix **-er**. For example:

POSITIVE ADJECTIVE	COMPARATIVE ADJECTIVE	
schön	schöner	*nicer, prettier*
heiß	heißer	*hotter*
klein	kleiner	*smaller*
interessant	interessanter	*more interesting*
dekorativ	dekorativer	*more decorative*

The comparative form without an adjective ending is used as a predicate adjective. For example:

Ist dieses Haus **neuer**?	*Is this house newer?*
Sein letzter Roman war **langweiliger**.	*His last novel was more boring.*

If a comparative adjective modifies a noun directly, it must have the appropriate adjective ending. All the rules of gender, case, and the use of **der**-words and

133

ein-words apply in the same way with comparatives as they do with positive adjectives. Let's look at some examples:

POSITIVE ADJECTIVE	COMPARATIVE ADJECTIVE	
kein neu**es** Haus	kein neuer**es** Haus	*no newer house*
von einem reich**en** Mann	von einem reicher**en** Mann	*from a richer man*
bei der nett**en** Frau	bei der netter**en** Frau	*at the nicer woman's house*
ein billig**er** Stuhl	ein billiger**er** Stuhl	*a cheaper chair*

ÜBUNG
14·1

Give the comparative form of the positive adjective provided.

1. schlecht (*bad*) _____

2. neu _____

3. langweilig (*boring*) _____

4. intelligent _____

5. reich (*rich*) _____

6. weit (*far*) _____

7. schnell (*fast*) _____

8. langsam (*slow*) _____

9. hell (*bright*) _____

10. wahnsinnig (*crazy*) _____

ÜBUNG
14·2

Reword the phrase, changing the positive adjective to a comparative adjective.

1. mit dem schönen Mädchen _____

2. sein kleiner Bruder _____

3. die heißen Tage _____

4. bei schlechtem Wetter _____

5. in der kühlen (*cool*) Nacht _____

6. ein intelligenter Mann _____

7. diese interessanten Bücher _____

8. die hellen Lichter (*lights*) _____

9. ein tiefer Fluss (*deep river*) _____

10. mit einem schnellen Zug _____

Making comparisons between two people or things

Many positive adjectives that have an umlaut vowel (**a, o, u**) add an umlaut in the comparative. For example:

POSITIVE ADJECTIVE	COMPARATIVE ADJECTIVE	
alt	älter	*older*
jung	jünger	*younger*
klug	klüger	*smarter*
kurz	kürzer	*shorter*
lang	länger	*longer*
stark	stärker	*stronger*
warm	wärmer	*warmer*

When making a comparison between two people or things, the two elements are separated by **als** (*than*). For example:

Tina ist älter **als** Rolf.	*Tina is older than Rolf.*
Ist dein Fahrrad kleiner **als** mein Fahrrad?	*Is your bike smaller than my bike?*
Du bist nicht intelligenter **als** ich.	*You are not more intelligent than I am.*

ÜBUNG
14·3

*Using the three elements provided, create a comparative sentence with **als**.*

EXAMPLE   Tina / alt / Rolf

Tina ist älter als Rolf.

1. Herr Benz / nett / Herr Keller

_____

2. er / klug / sein Cousin

_____

3. diese Dame / reich / meine Tante

_____

4. Sabine / jung / ich

_____

5. hier / kalt / im Keller

_____

6. das Wohnzimmer / lang / das Esszimmer

_____

7. der Sportler (*athlete*) / stark / der Lehrer

_____

8. dein Aufsatz (*essay*) / langweilig / mein Aufsatz

_____

9. Erik / nicht dumm / Thomas

_____

10. diese Frau / arm (*poor*) / jene Frau

_____

Irregular comparative adjectives

There are a few adjectives that have an irregular form in the comparative. They are:

POSITIVE ADJECTIVE	COMPARATIVE ADJECTIVE	
bald	eher	*sooner*
groß	größer	*bigger*
gut	besser	*better*
hoch	höher	*higher, taller*
nah	näher	*nearer*
viel	mehr	*more*

ÜBUNG

14·4

*Using the three elements provided, create a comparative sentence with **als**.*

EXAMPLE   Bremen / kleine Stadt / Berlin

Bremen ist eine kleinere Stadt als Berlin.

1. Asien (*Asia*) / ein großer Erdteil (*continent*) / Amerika

_____

2. ein Elefant / ein starkes Tier (*animal*) / ein Wolf

_____

3. Bach / ein wichtiger Komponist (*important composer*) / Strauß

_____

4. in der Wohnung / warm / im Keller

_____

5. dieser Wolkenkratzer / ein hohes Gebäude (*building*) / das Rathaus

_____

6. ein Flugzeug / ein schnelles Luftfahrzeug (*aircraft*) / ein Zeppelin

_____

7. ein Mercedes / ein gutes Auto / ein Volkswagen

_____

8. der Rhein / nah / die Wolga

_____

9. eine Reise nach Bonn / eine billige Reise / eine Reise nach Mexiko

_____

10. rot / eine schöne Farbe (*color*) / schwarz

_____

Comparative adverbs

When an adverb becomes a comparative, it looks like a comparative predicate adjective (**schneller, langsamer, interessanter**). Comparative adverbs require no other ending besides **-er**. The addition of an umlaut in comparative adjectives or the irregular forms of the comparative also occur when used as adverbs. For example:

Erik spricht viel **schneller** als sein Bruder.	*Erik speaks much faster than his brother.*
Wir können nicht **länger** bleiben.	*We cannot stay any longer.*
Heute spielt Monika das Klavier **besser**.	*Monika is playing the piano better today.*
Ich laufe **langsamer** als du.	*I run more slowly than you.*

ÜBUNG
14·5

Using the three elements provided, create a sentence with a comparative adverb and **als**.

EXAMPLE   die Jungen / langsam laufen / die Mädchen

Die Jungen laufen langsamer als die Mädchen.

1. ich / schnell lesen / mein jüngerer Bruder

_____

2. meine Freunde / hoch steigen / eure Gäste

   _____

3. der kleine Hund / laut bellen / der große Hund

   _____

4. die Franzosen / weit wandern / die anderen Reisenden

   _____

5. im Winter / viel schneien (*snow*) / im Herbst

   _____

6. niemand / gut tanzen / meine Freundin

   _____

7. die neuen Arbeiter / viel arbeiten / die älteren Männer

   _____

8. mein Vater / wenig rauchen / mein Bruder

   _____

9. der Zug / schnell fahren / das Auto

   _____

10. Karin / tief tauchen (*dive*) / Felix

    _____

11. in Wien (*Vienna*) / wenig regnen (*rain*) / in Hamburg

    _____

12. Felix / fleißig lernen / Rolf

    _____

13. Onkel Karl / oft besuchen uns / Onkel Thomas

    _____

14. der Engländer / laut pfeifen / der Franzose

    _____

15. deine Kinder / wenig helfen / meine Kinder

    _____

16. der Richter (*judge*) / lang darüber sprechen / der Rechtsanwalt (*lawyer*)

    _____

17. du / viel sich beklagen / deine Schwester

    _____

18. Herr Keller / spät kommen / seine Frau

_____

19. im Winter / schlecht schlafen / im Sommer

_____

20. Sabine / früh aufstehen / Monika

_____

Choose the letter of the word or phrase that best completes each sentence.

1. Die Straßen von Heidelberg sind enger (*narrower*) _____ die Straßen von Bonn.
   a. viel   b. als   c. mehr   d. immer mehr

2. Hier kann man _____ Schuhe kaufen.
   a. bessere   b. schlechten   c. schlechter   d. kleiner

3. Sie möchte _____ Kleid anprobieren.
   a. längere   b. schöner   c. die größeren   c. ein billigeres

4. Meine Großmutter ist _____ als mein Großvater.
   a. ältere   b. viel jünger   c. so jung   d. die ältere

5. Jeden Tag spielt Felix _____.
   a. lautere   b. besser   c. als Erik   d. teuer

6. Ist der Kanzler _____ als der Präsident?
   a. wichtiger   b. reichere   c. viele interessantere   d. weniger

7. Sie sind _____ Bus gefahren.
   a. mit dem langsameren   b. in einen schnelleren   c. den besseren   d. älteren

8. Die Alpen (*Alps*) sind viel _____ als der Harz (*Hartz Mountains*).
   a. schönere   b. höher   c. die kleineren   d. die größere

9. Ihre Tochter kann _____ singen.
   a. schöner   b. schnellere   c. viel reicher   d. kühleren

10. Am Abend ist es oft _____.
    a. viele lautere   b. regnerische   c. näheren   d. kälter

Superlative adjectives and adverbs

The superlative of an adjective or adverb is the third degree of an adjective or adverb and is identified by the suffix -**st** plus any necessary ending. It describes the *ultimate* degree or quality represented by the adjective or adverb. The predicate adjective form and the adverbial form are identical. For example:

POSITIVE ADJ./ ADVERB	COMPARATIVE ADJ./ ADVERB	SUPERLATIVE ADJ./ ADVERB	
schön	schöner	am schönsten	*the prettiest*
schnell	schneller	am schnellsten	*the fastest*
klug	klüger	am klügsten	*the smartest*
weit	weiter	am weitesten	*the farthest*
interessant	interessanter	am interessantesten	*the most interesting*
modisch	modischer	am modischsten	*the most fashionable*

When an adjective or adverb ends in -**d**, -**t**, -**s**, -**z**, or -**ß**, an -**e**- is added before the superlative -**st**: **am weitesten**. The ending -**en** shown in the previous examples is required because the German superlative is in the dative case with **an dem** contracted as **am**: **am schnellsten**.

Note that foreign words or longer words are translated into English with a superlative formed with *most*: **am interessantesten** *the most interesting*.

Superlative adverbs and often superlative adjectives can be translated with or without the article *the*.

> Sie läuft am schnellsten.   *She runs the fastest.* or *She runs fastest.*

Many adjectives that contain an umlaut vowel (**a**, **o**, **u**) add an umlaut in the superlative. These are the same adjectives that add an umlaut in the comparative. For example: **alt, älter, am ältesten** *the oldest*; **jung, jünger, am jüngsten** *the youngest*.

ÜBUNG
15·1

Give the superlative form of the positive adjective.

1. breit (*wide, broad*) _____

2. kurz _____

3. langsam   _____

4. langweilig   _____

5. dekorativ   _____

6. billig   _____

7. kalt   _____

8. dunkel (*dark*)   _____

9. klug   _____

10. teuer   _____

11. lang   _____

12. nett   _____

13. arm   _____

14. reich   _____

15. hübsch (*pretty*)   _____

Irregular superlatives

The superlative also has irregular forms. They are:

POSITIVE	COMPARATIVE	SUPERLATIVE	
bald	eher	am ehesten	*the soonest*
groß	größer	am größten	*the biggest*
gut	besser	am besten	*the best*
hoch	höher	am höchsten	*the highest*
nah	näher	am nächsten	*the nearest*
viel	mehr	am meisten	*the most*

When superlatives are used as predicate adjectives or adverbs, they are formed with **am -sten**.

Mein Onkel ist **am ältesten**.	*My uncle is the oldest.*
Diese Suppe schmeckt **am besten**.	*This soup tastes the best.*
Dieses Examen war **am schwierigsten**.	*This exam was the most difficult.*
Mein Sohn hat **am meisten** gelernt.	*My son learned the most.*

ÜBUNG
15·2

Give the superlative form of the positive adjective provided.

1. schlecht   _____

2. gut   _____

3. schnell   _____

4. hässlich (*ugly*)   _____

5. jung   _____

6. eng   _____

7. kühl   _____

8. dünn (*thin*)   _____

9. dick (*thick, fat*)   _____

10. sorgfältig (*careful*)   _____

11. wenig   _____

12. heiß   _____

13. viel   _____

14. hoch   _____

15. bald   _____

Superlative adjectives that modify a noun directly

If a superlative adjective modifies a noun directly, it is not formed with **am -sten**. Instead, its adjective ending conforms to the gender, case, and number of the noun modified. For example:

NOMINATIVE	Der **schnellste** Junge gewinnt.	*The fastest boy wins.*
ACCUSATIVE	Sie hat das **beste** Geschenk bekommen.	*She got the best gift.*
DATIVE	Ich will mit dem **schönsten** Mädchen. tanzen	*I want to dance with the prettiest girl.*
GENITIVE	Die Frau des **ältesten** Mannes ist gestorben.	*The oldest man's wife has died.*

ÜBUNG

15·3

Reword each sentence with the adjective or adverb in bold in the superlative.

EXAMPLE   Deine Schwester ist **nett**.

Deine Schwester ist am nettesten.

1. Ist deine **junge** Tochter an der Uni?

_____

2. Kurt löst (*solves*) das **schwierige** Problem.

_____

3. Niemand hat den **armen** Leuten geholfen.

_____

4. Ihre Stimme (*voice*) war **gut**.

_____

5. Er konnte **lauter** singen.

_____

6. Diese Geschichte (*story*) war **traurig** (*sad*).

_____

7. Wohnt ihr noch im **großen** Haus?

_____

8. Sein **schlechtes** Gedicht (*poem*) erzählte von seiner Mutter.

_____

9. Hoffentlich (*hopefully*) kommt Bus Nummer 8 **bald**.

_____

10. Ihr **langer** Roman heißt *Und Ewig Singen die Wälder*.

_____

ÜBUNG
15·4

Supply the missing forms of the phrase provided: positive, comparative, or superlative.

EXAMPLE POSITIVE *mit dem armen Mann*

COMPARATIVE mit dem ärmeren Mann

SUPERLATIVE *mit dem ärmsten Mann*

1. POSITIVE das gute Kind

   COMPARATIVE _____

   SUPERLATIVE _____

2. POSITIVE _____

   COMPARATIVE mehr Geld

   SUPERLATIVE _____

3. POSITIVE _____

   COMPARATIVE _____

   SUPERLATIVE am schnellsten laufen

4. POSITIVE <u>laut lachen</u>

   COMPARATIVE _____

   SUPERLATIVE _____

5. POSITIVE _____

   COMPARATIVE <u>die bessere Idee (*idea*)</u>

   SUPERLATIVE _____

6. POSITIVE _____

   COMPARATIVE _____

   SUPERLATIVE <u>Es ist am nächsten.</u>

7. POSITIVE <u>die kleinen Kinder</u>

   COMPARATIVE _____

   SUPERLATIVE _____

8. POSITIVE _____

   COMPARATIVE <u>Das Gebäude ist höher.</u>

   SUPERLATIVE _____

9. POSITIVE _____

   COMPARATIVE _____

   SUPERLATIVE <u>im dunkelsten Zimmer (*room*)</u>

10. POSITIVE <u>die starken Männer</u>

    COMPARATIVE _____

    SUPERLATIVE _____

ÜBUNG
15·5

Choose the letter of the word or phrase that best completes each sentence.

1. Ist Felix jünger _____ sein Bruder?
   a. viel   b. als   c. so viel   d. mehr

2. Meine Kinder sind so oft _____.
   a. krank   b. älteste   c. die jüngste   d. langweiligen

3. Mein Zimmer ist _____ als deins.
   a. viel kälter   b. am wenigsten   c. breit   d. nächstes

4. Ich finde diesen Roman _____.
   a. lange   b. kürzeren   c. viel   d. sehr gut

5. Der Wolkenkratzer ist sehr _____.
   a. hoch   b. kleiner   c. am größten   d. längere

6. Im August ist es oft _____.
   a. nächste   b. am heißesten   c. als im September   d. immer

7. Mein Aufsatz ist _____ als seiner.
   a. nicht besser   b. sehr lang   c. am schlechtesten   d. so kurz

8. Die _____ Mädchen haben uns viel geholfen.
   a. hübsche   b. nettesten   c. am jüngsten   d. schönes

9. Ein Elefant ist ein _____ Tier.
   a. am ältesten   b. viel größer   c. starkes   d. höher

10. Ist Gold von allen Metallen _____ schwersten?
   a. so viel   b. wenig   c. mehr   d. am

Verbs with mixed conjugations

·16·

There are a few verbs that are conjugated in such a way that they resemble both regular and irregular verbs. Their conjugational forms are called *mixed conjugations*. The list of these verbs is not long. They are:

brennen	*burn*
kennen	*know, be acquainted*
nennen	*name, call*
rennen	*run*
senden	*send*
wenden	*turn*

Three other verbs also have a mixed conjugation but in a slightly different form.

bringen	*bring*
denken	*think*
wissen	*know*

Mixed conjugation verbs in the present tense

Except for **wissen**, the present tense of these verbs is regular and follows the rules for the present tense conjugation. For example:

	kennen	nennen	senden
ich	kenne	nenne	sende
du	kennst	nennst	sendest
er	kennt	nennt	sendet
wir	kennen	nennen	senden
ihr	kennt	nennt	sendet
Sie	kennen	nennen	senden
sie *pl.*	kennen	nennen	senden

Wissen follows a present tense conjugational pattern similar to the modal auxiliaries, which differentiate between the singular pronouns and the plural pronouns.

146

SINGULAR PRONOUNS	PLURAL PRONOUNS
ich weiß	wir wissen
du weißt	ihr wisst
er weiß	Sie wissen
	sie (*pl.*) wissen

Provide the present tense conjugation of each infinitive for the subjects provided.

1. brennen

   ich _____

   du _____

   wir _____

   man _____

2. wenden

   ich _____

   er _____

   niemand _____

   die Frauen _____

3. denken

   ihr _____

   du _____

   sie *s.* _____

   Sie _____

4. bringen

   ihr _____

   sie *pl.* _____

   alle _____

   mein Freund _____

5. wissen

   ich _____

   er _____

   sie *pl.* _____

   ihr _____

6. kennen

   ihr _____

   sie *s.* _____

   alle _____

   du _____

Mixed conjugation verbs in the past tense

When verbs that have a mixed conjugation are conjugated in the past tense, they use the regular past tense suffix **-te** together with the endings appropriate for the various pronouns. In addition, they also make a vowel change like an irregular verb. The first- and third-person singular past tense of these verbs look like this:

INFINITIVE	PAST TENSE	INFINITIVE	PAST TENSE
brennen	brannte	wenden	wandte
kennen	kannte	bringen	brachte
nennen	nannte	denken	dachte
rennen	rannte	wissen	wusste
senden	sandte		

Provide the past tense conjugation of each infinitive for the subjects provided.

1. nennen

   ich _____

   du _____

   wir _____

   man _____

2. senden

   ich _____

   er _____

   niemand _____

   die Frauen _____

3. denken

   ihr _____

   du _____

   sie *s.* _____

   Sie _____

4. bringen

   ihr _____

   sie *pl.* _____

   alle _____

   mein Freund _____

5. wissen

   ich _____

   er _____

   sie *pl.* _____

   ihr _____

6. kennen

   ihr _____

   sie *s.* _____

   alle _____

   du _____

If the sentence provided is in the present tense, reword it in the past tense. If it is in the past tense, reword it in the present tense.

1. Bringt er eine gute Nachricht (*news*)?

   _____

2. Ich wusste, dass sie krank ist.

   _____

3. Man nannte hohe Häuser Wolkenkratzer.

   _____

4. Die ganze Fabrik (*factory*) brennt.

   _____

5. Sie denkt oft an ihre Heimat (*home*).

   _____

6. Warum wendest du dich um (*turn around*)?

   _____

7. Wir kannten seine Gäste nicht.

   _____

8. Martin sandte uns viele Grüße.

   _____

9. Das alte Pferd (*horse*) rennt nicht.

   _____

10. Der Briefträger (*mailman*) brachte die Post.

    _____

11. Die alte Frau dachte an ihre Jugend (*youth*).

    _____

12. Ich weiß die Hausnummer nicht mehr.

    _____

13. Er bringt mir schöne Blumen.

    _____

14. Kennen Sie den neuen Lehrer?

    _____

15. Das nenne ich einfach absurd (*simply absurd*).

    _____

Forming past participles with mixed conjugation verbs

When forming past participles with this category of verbs, the participles are formed with a **ge-** prefix and a **-t** suffix like regular verbs. But just as in the past tense, the past participles make a vowel change like irregular verbs. For example:

INFINITIVE	PAST PARTICIPLE
brennen	gebrannt
kennen	gekannt
nennen	genannt
rennen	gerannt
senden	gesandt
wenden	gewandt
bringen	gebracht
denken	gedacht
wissen	gewusst

Except for **rennen**, all the verbs that have a mixed conjugation use **haben** as their auxiliary in the perfect tenses. Because **rennen** is a verb of motion, it uses **sein: ich bin gerannt, du bist gerannt, er ist gerannt, wir sind gerannt, ihr seid gerannt, sie sind gerannt.**

When forming the future tense with **werden**, the pattern described in Chapter 13 is used: **werden** plus an infinitive: **ich werde nennen, wir werden denken**, and so on.

ÜBUNG
16·4

Reword each sentence in the missing tenses.

1. PRESENT Denkst du an deine Mutter?

   PAST _____

   PRESENT PERFECT _____

   FUTURE _____

2. PRESENT _____

   PAST Er brachte mir die Zeitung.

   PRESENT PERFECT _____

   FUTURE _____

3. PRESENT _____

   PAST _____

   PRESENT PERFECT Sie ist viel schneller gerannt.

   FUTURE _____

4. PRESENT _____

   PAST _____

   PRESENT PERFECT _____

   FUTURE Wir werden uns an die Polizei wenden (*contact the police*).

5. PRESENT <u>Weiß er die Adresse?</u>

   PAST _____

   PRESENT PERFECT _____

   FUTURE _____

6. PRESENT _____

   PAST <u>Kannten Sie die Ausländer?</u>

   PRESENT PERFECT _____

   FUTURE _____

7. PRESENT _____

   PAST _____

   PRESENT PERFECT <u>Es hat im Stadtzentrum gebrannt.</u>

   FUTURE _____

8. PRESENT _____

   PAST _____

   PRESENT PERFECT _____

   FUTURE <u>Sie wird nicht mehr daran denken.</u>

9. PRESENT <u>Alle nennen sie Geli.</u>

   PAST _____

   PRESENT PERFECT _____

   FUTURE _____

10. PRESENT _____

    PAST <u>Onkel Peter sandte mir fünfzig Euro.</u>

    PRESENT PERFECT _____

    FUTURE _____

Numbers and numerals

Numbers are used in German just as they are in English. They are the vehicle for counting and mathematics, and they are needed to describe ages, dates, years, and numerous other things that are ordered numerically.

Cardinal numbers

The basic numbers are:

0	null
1	eins
2	zwei
3	drei
4	vier
5	fünf
6	sechs
7	sieben
8	acht
9	neun
10	zehn
11	elf
12	zwölf

Numbers that occur between *twelve* and *twenty* are formed with **-zehn** as their suffix.

13	dreizehn
14	vierzehn
15	fünfzehn
16	sechzehn (*Note the omission of* **-s**-.)
17	siebzehn (*Note the absence of the syllable* **-en**.)
18	achtzehn
19	neunzehn

Except for *thirty*, the numbers from *twenty* to *ninety-nine* use **-zig** as their suffix. And just like in an older form of English (*four and twenty blackbirds*), numbers that accompany *twenty* through *ninety-nine* precede them.

20	zwanzig
21	einundzwanzig
22	zweiundzwanzig
30	dreißig
33	einunddreißig
34	vierunddreißig
40	vierzig
45	fünfundvierzig
50	fünfzig
56	sechsundfünfzig
60	sechzig
67	siebenundsechzig
70	siebzig
78	achtundsiebzig
80	achtzig
89	neunundachtzig
90	neunzig
100	(ein)hundert
210	zweihundert(und)zehn
350	dreihundertfünfzig
475	vierhundertfünfundsiebzig
500	fünfhundert
1,000	(ein)tausend
2,220	zweitausendzweihundertzwanzig

Numbers that are greater than ten use a decimal point or a space to separate every three digits. For example:

fünfzehntausendachtzig	15 080 or 15.080
hundertzwanzigtausend	120 000 or 120.000

Three important numbers are actually nouns. They are:

eine Million	1 000 000 or 1.000.000
eine Milliarde	1 000 000 000 or 1.000.000.000
eine Billion	1 000 000 000 000 or 1.000.000.000.000

Note that **Billion** means *trillion* in German, not *billion*. *Billion* is **Milliarde**.

Germans tend to avoid writing out long numbers as words. Exceptions can be writing a check with a large sum or including important figures in an official document. But if numbers are written as words, they are written as one word. For example:

23 750 = dreiundzwanzigtausendsiebenhundertfünfzig.

Spell out the following numbers as words.

1. 48 _____

2. 11 _____

3. 19 _____

4. 17 _____

5. 27 _____

6. 62 _____

7. 195 _____

8. 231 _____

9. 520 _____

10. 1.666 _____

11. 32.725 _____

12. 8 000 000 _____

13. 700 101 _____

14. 12 _____

15. 1 _____

Basic mathematics

Adding, subtracting, dividing, and multiplying are carried out in German much the same way as they are in English. In addition, use either **plus** or **und** to make a sum. For example:

Wie viel ist acht **plus** zwei?	*How much is eight plus two?*
Acht **plus** zwei ist zehn.	*Eight plus two is ten.*
Wie viel ist vier **und** drei?	*How much is four and three?*
Vier **und** drei ist sieben.	*Four and three is seven.*

In subtraction, use **minus** or **weniger**.

Wie viel is zwanzig **minus** elf?	*How much is twenty minus eleven?*
Zwanzig **minus** elf ist neun.	*Twenty minus eleven is nine.*
Wie viel ist sechs **weniger** zwei?	*How much is six minus two?*
Sechs **weniger** zwei ist vier.	*Six minus two is four.*

In division, use **geteilt durch**.

> Wie viel ist vierzig **geteilt durch** vier?   *How much is forty divided by four?*
>
> Vierzig **geteilt durch** vier ist zehn.   *Forty divided by four is ten.*

In multiplication, use **mal**.

> Wie viel ist sieben **mal** zwei?   *How much is seven times two?*
>
> Sieben **mal** zwei ist vierzehn.   *Seven times two is fourteen.*

ÜBUNG

17·2

Answer each question with a complete sentence.

1. Wie viel ist achtzig plus neun?

   _____

2. Wie viel ist fünf und eins?

   _____

3. Wie viel ist dreiunddreißig minus fünf?

   _____

4. Wie viel ist achtzehn geteilt durch drei?

   _____

5. Wie viel ist zwölf mal drei?

   _____

6. Wie viel ist hundert plus fünfzig?

   _____

7. Wie viel ist neunundneunzig weniger vierzig?

   _____

8. Wie viel ist zweihundert geteilt durch zwanzig?

   _____

9. Wie viel ist elf mal sechs?

   _____

10. Wie viel ist siebzehn minus siebzehn?

    _____

Create the question "Wie viel ist ..." for each equation. Then create the answer.

EXAMPLE   6 x 4 = ?

Wie viel ist sechs mal vier?

Sechs mal vier ist vierundzwanzig.

1. 22 ÷ 2 = ?

_____

_____

2. 14 x 5 = ?

_____

_____

3. 100 + 22 = ?

_____

_____

4. 9 ÷ 3 = ?

_____

_____

5. 66 – 15 = ?

_____

_____

6. 150 + 4 = ?

_____

_____

7. 12 x 10 = ?

_____

_____

8. 99 – 80 = ?

_____

_____

9. 210 + 5 = ?

_____

_____

10. $30 \div 15 = ?$

_____

_____

Currency

In the Eurozone, the common currency is **der Euro** and **der Cent**. The symbol for the euro is €, which often precedes an amount but can also follow it. The word **Euro** itself can be used to show a price. For example:

Es kostet €6,50. Es kostet sechs Euro fünfzig Cent.	_It costs 6.50 euros. (6 euros 50 cents)_
Es kostet 10,25€. Es kostet zehn Euro fünfundzwanzig Cent.	_It costs 10.25 euros. (ten euros 25 cents)_
Es kostet Euro 11,00. Es kostet elf Euro.	_It costs 11.00 euros._
Es kostet 20,00 Euro. Es kostet zwanzig Euro.	_It costs 20.00 euros._

Take note that in German euros are separated from cents by a _comma_, not a _decimal point_. This is true with decimal numbers in mathematics as well. For example:

$10 \div 20 = 0,5$

Zehn geteilt durch zwanzig ist null   _Ten divided by twenty is zero point five._
    komma fünf.

ÜBUNG

17·4

Using the object and price provided, ask what the object costs and then give the answer.

EXAMPLE   diese Bluse / 10

Wie viel kostet diese Bluse?

Diese Bluse kostet zehn Euro.

1. dieses Buch / 8,50

_____

_____

2. dieses Auto / 20 000,00

_____

_____

3. ihr Pullover (*sweater*) / 14,75

_____

_____

4. der Fernsehapparat (*TV set*) / 499,00

_____

_____

5. diese Lampen / 66,90

_____

_____

Age

German uses the identical phrase to describe age as English does: **Jahre alt** = *years old*. For example:

Wie alt ist das Kind?	*How old is the child?*
Das Kind ist vier Jahre alt.	*The child is four years old.*
Wie alt ist der Junge?	*How old is the boy?*
Der Junge is dreizehn Jahre alt.	*The boy is thirteen years old.*
Wie alt ist deine Verlobte?	*How old is your fiancée?*
Meine Verlobte ist zweiundzwanzig Jahre alt.	*My fiancée is twenty-two years old.*
Wie alt ist das Baby?	*How old is the baby?*
Das Baby ist ein Jahr alt.	*The baby is one year old.*

If you express an age less than a year old, the phrases used would be:

Meine Tochter ist acht Monate alt.	*My daughter is eight months old.*
Unser Sohn ist sechs Wochen alt.	*Our son is six weeks old.*
Die Katzenjungen sind drei Tage alt.	*The kittens are three days old.*

Use the elements provided to form a question that asks how old the person or object is. Then answer the question.

EXAMPLE   der Mann / 40 Jahre

Wie alt ist der Mann?

Der Mann ist vierzig Jahre alt.

1. deine Großmutter / 86 Jahre

_____

_____

2. die Mädchen / 18 Jahre

_____

_____

3. dieser Wagen / 10 Monate

_____

_____

4. die Burg (*castle*) / 200 Jahre

_____

_____

5. die Zwillinge (*twins*) / 5 Monate

_____

_____

6. seine Eltern / 51 Jahre

_____

_____

7. du / 30 Jahre

_____

_____

8. diese Häuser / 67 Jahre

_____

_____

9. die Welpen (*puppies*) / 4 Wochen

_____

_____

10. diese Schüler / 8 Jahre

_____

_____

Ordinal numbers

Ordinal numbers are so named because they show the *order* in which something occurs. They tell who or what is *first, second, tenth, twentieth,* and so on. The numbers from *one* to *nineteen* add the suffix **-te** to form the ordinal number. There are only three irregularities among these ordinals— *first, third,* and *seventh.*

erste	*first*
zweite	*second*
dritte	*third*
vierte	*fourth*
fünfte	*fifth*
siebte	*seventh*
zehnte	*tenth*
zwölfte	*twelfth*
achtzehnte	*eighteenth*
neunzehnte	*nineteenth*

From the number *twenty* and greater, the ordinal is formed with the suffix **-ste**. For example:

zwanzigste	*twentieth*
einundzwanzigste	*twenty-first*
zweiunddreißigste	*thirty-second*
vierzigste	*fortieth*
dreiundfünfzigste	*fifty-third*
sechzigste	*sixtieth*
vierundsiebzigste	*seventy-fourth*
achtzigste	*eightieth*
fünfundneunzigste	*ninety-fifth*
hundertste	*hundredth*
tausendste	*thousandth*
zehntausendste	*ten-thousandth*

Ordinal numbers are adjectives and comply with the rules that govern adjective endings. Number, gender, and case must be considered. For example:

NOMINATIVE	Sein erst**er** Roman war sehr gut.	*His first novel was very good.*
ACCUSATIVE	Kennst du den dritt**en** Mann dort drüben?	*Do you know the third man over there?*
DATIVE	Er spricht mit meiner zweit**en** Frau.	*He speaks with my second wife.*
GENITIVE	Die Farbe des sechst**en** Hauses ist weiß.	*The color of the sixth house is white.*

Change the number provided in parentheses to an ordinal number, and complete the sentence with the appropriate ending.

EXAMPLE   Die (10) *zehnte* Übung ist schwer.

1. Karls (2) _____ Sohn ist elf Jahre alt.

2. Am (5) _____ Tag ist er endlich (*finally*) nach Hause gekommen.

3. Wann ist die (1) _____ Prüfung?

4. Im (9) _____ Monat ist das Kind geboren (*born*).

5. Sitzen wir in der (11) _____ Reihe (*row*)?

6. Schiller lebte im (18) _____ Jahrhundert (*century*).

7. Wilhelm wurde im (19) _____ Jahrhundert Kaiser (*emperor*).

8. Konrad Adenauer ist im (20) _____ Jahrhundert gestorben.

9. Sie ist am (31) _____ Januar nach Berlin geflogen.

10. Im (3) _____ Monat dieses Jahres wird sie vierzig Jahre alt.

Just as in English, the ordinal numbers, the days of the week, and the months of the year are necessary for expressing dates in German. The days of the week are **Sonntag, Montag, Dienstag, Mittwoch, Donnerstag, Freitag,** and **Sonnabend** or **Samstag.** The months of the year are **Januar, Februar, März, April, Mai, Juni, Juli, August, September, Oktober, November,** and **Dezember.** Let's look at some example sentences:

Welcher Monat ist der zehnte Monat?	*What month is the tenth month?*
Der zehnte Monat ist Oktober.	*The tenth month is October.*
Der Wievielte ist heute?	*What is today's date?*
Heute ist der neunte Februar.	*Today is the ninth of February.*
Welches Datum haben wir heute?	*What is today's date?*
Heute ist der dritte Mai.	*Today is the third of May.*
Wann hat er Geburtstag?	*When is his birthday?*
Er hat am dritten Dezember Geburtstag.	*His birthday is on the third of December.*
Sie hat am Freitag Geburtstag.	*Her birthday is on Friday.*
Wann sind Sie geboren?	*When were you born?*
Ich bin am zwanzigsten Juli geboren.	*I was born on the twentieth of July.*
Wann ist er gestorben?	*When did he die?*
Er ist am zwölften August gestorben.	*He died on the twelfth of August.*
Ich bin am vierten Mai 1991 geboren.	*I was born on the fourth of May 1991.*

There are two ways to express *in the year*: with the phrase **im Jahre** or by omitting the phrase **im Jahre** entirely. For example:

Mein Sohn ist im Jahre 2002 geboren.   *My son was born in 2002.*
Mein Sohn ist 2002 geboren.

ÜBUNG
17·7

Choose the letter of the word or phrase that best completes each sentence.

1. In welchem _____ ist sie geboren?
   a. Monat   b. Woche   c. Tage   d. Jahre

2. Tina hat _____ Geburtstag.
   a. Januar   b. am vierten Juni   c. im Jahre   d. März

3. Ist heute der elfte _____?
   a. Mittwoch   b. am Sonnabend   c. Woche   d. Oktober

4. Der Frühling beginnt _____.
   a. der Wievielte   b. im März   c. zehnte Woche   d. gestorben

5. Was geschah am vierten Juli _____?
   a. im Winter   b. im Monat   c. der fünfte Juli 2005   d. im Jahre 1776

6. Ihr zweites Kind ist am zwanzigsten April _____.
   a. Geburtstag   b. geboren   c. sterben   d. am Montag

7. Meine Tante ist _____ sehr krank geworden.
   a. im Herbst   b. Tag   c. die vierte Woche   d. der erste Mai

8. Die Schüler haben _____ Dienstag eine Prüfung.
   a. im   b. vor   c. im Jahre   d. am

9. _____ haben wir heute?
   a. Wie viel   b. Welches Datum   c. Welche Monate   d. Diese Woche

10. _____ ist der zwölfte Februar.
    a. Samstag   b. Woche   c. Im Jahre 2010   d. Der Wievielte

11. _____ Sie im Sommer geboren?
    a. Ist   b. Wurden   c. Sind   d. War

12. Bismarck wurde im neunzehnten _____ geboren.
    a. im Januar   b. Jahrhundert   c. im Jahre 1833   d. am fünften Januar

13. Wilhelm I. (der Erste) wurde _____ Kaiser.
    a. am achtzehnten b. welcher Monat   c. in der ersten Woche   d. nächstes Jahr
       Januar

14. Heute ist _____ April.
    a. Freitag   b. im Jahre 1999   c. der dritte   d. im Frühling

15. Er hat am sechzehnten September _____
    a. im Winter   b. im Herbst   c. geboren   d. Geburtstag

Relative pronouns

18

German has two forms of relative pronouns: one is derived from the definite articles (**der**, **die**, **das**) and the other is a declined form of **welcher**. Both types are translated as *that*, *who*, or *which*. The case ending and number of the relative pronoun is determined by how it is used: singular or plural subject, object, or possessive.

Definite article form of relative pronouns

Let's look at the declension of the definite article form of relative pronouns:

CASE	MASCULINE	FEMININE	NEUTER	PLURAL
NOMINATIVE	der	die	das	die
ACCUSATIVE	den	die	das	die
DATIVE	dem	der	dem	denen
POSSESSIVE	dessen	deren	dessen	deren

As you can see, the pattern of the declension of the relative pronouns is identical to the declension of the definite articles, except for the dative plural and the possessive. The relative pronouns form a possessive adjective in place of the genitive case just like other pronouns.

A relative pronoun can be used to combine two sentences that have the same element in them. One of those elements is omitted, and a relative pronoun replaces it. The conjugated verb takes up the final position in the relative clause. For example:

Kennen Sie den Mann? Der Mann **steht** an der Ecke.	*Do you know the man? The man is standing on the corner.*
Kennen Sie den Mann, **der** an der Ecke **steht**?	*Do you know the man who is standing on the corner?*

The element **Der Mann** is the masculine subject of the second sentence. It is replaced by the masculine singular relative pronoun **der**. That relative pronoun *relates* to the phrase **den Mann** (its antecedent) in the first sentence. It is the same number and gender as **den Mann** but is in the nominative case, because the relative pronoun is used as the subject of the relative clause. Just as in other aspects of German, number, gender, and case must be taken into consideration with relative pronouns.

Let's look at some example sentences. Take note of how the relative pronoun changes as the number and gender change.

Ich sehe den Jungen, **der** Tennis spielt.   *I see the boy who is playing tennis.*
Ich sehe die Frau, **die** Tennis spielt.   *I see the woman who is playing tennis.*
Ich sehe das Mädchen, **das** Tennis spielt.   *I see the girl who is playing tennis.*
Ich sehe die Männer, **die** Tennis spielen.   *I see the men who are playing tennis.*

Note that relative clauses are generally set off by commas.

ÜBUNG
18·1

Combine each pair of sentences, making the second sentence a relative clause.

EXAMPLE   Wo ist der Gast? Der Gast kommt aus Berlin?

Wo ist der Gast, der aus Berlin kommt?

1. Das ist die Lehrerin. Die Lehrerin wird mir helfen.

_____

2. Das Land ist meine Heimat. Ich liebe das Land.

_____

3. Es war einmal eine Königin. Die Königin hatte eine hübsche Tochter.

_____

4. Wo ist der Hund? Der Hund bellt so laut.

_____

5. Seht ihr die Vögel? Die Vögel singen so schön.

_____

6. Sie haben die Weingläser verloren (*lost wine glasses*). Die Weingläser waren sehr teuer.

_____

7. Warum kaufst du das Pferd? Das Pferd ist alt und krank.

_____

8. Wir besuchten unsere Verwandten. Unsere Verwandten wohnten in Leipzig.

_____

9. Erik hat einen Fernsehapparat. Der Fernsehapparat hat einen großen Bildschirm (*screen*).

_____

10. Ihr Sohn hat morgen Geburtstag. Ihr Sohn wird neun Jahre alt.

_____

Relative pronouns that replace nouns in the accusative, dative, and genitive cases

Relative pronouns also replace nouns that are in the accusative, dative, and genitive cases. First let's look at examples of the use of these cases with a masculine noun and its relative pronoun.

Accusative direct object

Wo ist der Lehrer, **den** sie anrufen wollen?

Where is the teacher whom they want to call?

Accusative preposition

Wo ist der Lehrer, **für den** Erik gearbeitet hat?

Where is the teacher for whom Erik worked?

Dative indirect object

Wo ist der Lehrer, **dem** wir die Bücher geben wollen?

Where is the teacher to whom we want to give the books?

Dative preposition

Wo ist der Lehrer, **mit dem** sein Vater reden will?

Where is the teacher with whom his father wants to speak?

Dative verb

Wo ist der Lehrer, **dem** ich im Park begegnete?

Where is the teacher whom I met in the park?

Genitive possessive

Wo ist der Lehrer, **dessen** Schüler so gut Englisch sprechen?

Where is the teacher whose students speak English so well?

Now let's change the gender of these sentences to feminine. Note how the declension of the relative pronoun changes to reflect the new gender.

Wo ist die Lehrerin, **die** sie anrufen wollen?

Where is the teacher whom they want to call?

Wo ist die Lehrerin, **für die** Erik gearbeitet hat?

Where is the teacher for whom Erik worked?

Wo ist die Lehrerin, **der** wir die Bücher geben wollen?

Where is the teacher to whom we want to give the books?

Wo ist die Lehrerin, **mit der** sein Vater reden will?

Where is the teacher with whom his father wants to speak?

Wo ist die Lehrerin, **der** ich im Park begegnete?

Where is the teacher whom I met in the park?

Wo ist die Lehrerin, **deren** Schüler so gut Englisch sprechen?

Where is the teacher whose students speak English so well?

If the antecedent of the relative pronoun is changed to neuter or plural, the appropriate declensional changes occur to reflect the new gender or number.

Change the antecedent in each sentence to the ones provided in parentheses. Make the necessary declensional changes to the relative pronoun to reflect the new gender or number of the antecedent.

EXAMPLE   Er spricht mit **dem Mann**, der ihm helfen wird.

             (die Frau) *Er spricht mit der Frau, die ihm helfen wird.*

1. Sie findet **die Bluse**, die sie gestern gekauft hat.

   (das Kleid) _____

   (die Briefmarken [*stamps*]) _____

   (der Hut) _____

2. Kennen Sie **die Leute**, die in Darmstadt wohnen?

   (der Ausländer) _____

   (die Studenten) _____

   (die Studentin) _____

3. Ich begegnete **einem Nachbarn**, dessen Vater gestorben ist.

   (eine Dame) _____

   (die Brüder) _____

   (ein Kind) _____

4. Das ist **die Richterin**, von der ich das Geschenk bekommen habe.

   (die Leute) _____

   (der Richter) _____

   (unsere Gäste) _____

5. **Die Frau**, für die wir gearbeitet haben, ist nach Bonn gezogen (*moved*).

   (die Männer) _____

   (der Engländer) _____

   (das Mädchen) _____

Use the phrases provided as relative clauses to complete each sentence.

EXAMPLE   Er spricht mit dem Mann, _____.

             (Der Mann wohnt in der Nähe.) *Er spricht mit dem Mann, der in der Nähe wohnt.*

Ich habe den Roman, _____.

1. (Karl will den Roman übersetzen [*translate*].) _____

2. (Viele Leute sind vom Roman begeistert [*taken with*].) _____

3. (Der Schriftsteller [*writer*] des Romans war Hesse.) _____

Sabine spielte mit den Kindern, _____.

4. (Der Reporter hat über die Kinder geschrieben.) _____

5. (Die Eltern der Kinder waren krank.) _____

6. (Der Lehrer fragte nach den Kindern.) _____

Die Witwe (*widow*), _____, wohnt jetzt in Bayern (*Bavaria*).

7. (Der Mann der Witwe ist vor zwei Monaten gestorben.) _____

8. (Niemand wollte der Witwe helfen.) _____

9. (Ihre Kinder können für die Witwe nicht sorgen [*care*].) _____

Sie erzählte (*told*) von einem König, _____.

10. (Der König hatte vier starke Söhne.) _____

11. (Das Volk liebte den König sehr.) _____

12. (Die Tochter des Königs hatte goldene Haare.) _____

Stefan fotografiert die Soldaten, _____.

13. (Der Bürgermeister des Dorfes hasst die Soldaten.) _____

14. (Niemand will von den Soldaten sprechen.) _____

15. (Die Soldaten waren tapfer [*brave*] im Kampf.) _____

Using **welcher** as a relative pronoun

For the most part, the use of **welcher** as a relative pronoun is identical to the use of the definite articles. The only exception is the possessive form, which is not composed from a declension of **welcher** but rather from the declension of the definite articles. Let's look at the declension of **welcher** as a relative pronoun:

CASE	MASCULINE	FEMININE	NEUTER	PLURAL
NOMINATIVE	welcher	welche	welches	welche
ACCUSATIVE	welchen	welche	welches	welche
DATIVE	welchem	welcher	welchem	welchen
POSSESSIVE	dessen	deren	dessen	deren

Note in the following example sentences how **welcher** is employed as a relative pronoun in exactly the same way as the definite articles. Its translation is *that*, *who*, or *which* just like the definite articles.

Wo ist der Lehrer, **welchen** sie anrufen wollen?	*Where is the teacher whom they want to call?*
Wo ist die Lehrerin, für die Erik gearbeitet hat?	*Where is the teacher, for whom Erik worked?*
Wo ist das Kind, **welchem** wir die Bücher geben wollen?	*Where is the child to whom we want to give the books?*
Wo sind die Kinder, mit denen ihr Vater reden will?	*Where is the child with whom their father wants to speak?*
Wo ist der Gast, **dessen** Frau Krankenschwester ist?	*Where is the guest whose wife is a nurse?*

It is important to pay strict attention to the German formation of relative clauses that have a preposition introducing the relative pronoun. In German, the preposition always precedes the relative pronoun and stands at the beginning of the relative clause. English is more flexible. Consider how the following German clause can be translated more than one way in English.

Das ist der Mann, mit dem Erik gesprochen hat.
That is the man with whom Erik spoke.
That is the man whom Erik spoke with.
That is the man that Erik spoke with.
That is the man Erik spoke with.

German never omits the relative pronoun as in the fourth English translation.

ÜBUNG
18·4

*Change the antecedent in each sentence to the ones provided in parentheses. Make the necessary declensional changes to the relative pronoun to reflect the new gender or number of the antecedent. Use a form of **welcher** as the relative pronoun.*

EXAMPLE   Er spricht mit **dem Mann**, welcher ihm helfen wird.

(die Frau) *Er spricht mit der Frau, welche ihm helfen wird.*

1. Sie findet **die Bluse,** welche sie gestern gekauft hat.

(das Kleid) _____

(die Briefmarken [*stamps*]) _____

(der Hut) _____

2. Kennen Sie **die Leute**, welche in Darmstadt wohnen?

(der Ausländer) _____

(die Studenten) _____

(die Studentin) _____

3. Ich begegnete **einem Nachbarn**, dessen Vater gestorben ist.

(eine Dame) _____

(die Brüder) _____

(ein Kind) _____

4. Das ist **die Richterin**, von welcher ich das Geschenk bekommen habe.

(die Leute) _____

(der Richter) _____

(unsere Gäste) _____

5. **Die Frau**, für welche wir gearbeitet haben, ist nach Bonn gezogen (*moved*).

(die Männer) _____

(der Engländer) _____

(das Mädchen) _____

ÜBUNG
18·5

Using a form of the definite article as the relative pronoun, complete each sentence with any appropriate relative clause.

1. Er besuchte seinen Onkel, _____.

2. Der Kaufmann, _____, reist sehr weit.

3. Erik verkaufte die Bücher, _____.

4. Kennen Sie die Amerikanerin, _____?

5. Die Künstlerin (*artist*), _____, ist gestorben.

7. Heidelberg ist eine Stadt, _____.

8. Die Herren, _____, sind Ausländer.

9. Die Leute, _____, sind umgezogen (*moved away*).

10. Frau Benz ist jetzt eine Witwe, _____.

*Follow the same directions. Use a form of **welcher** as the relative pronoun.*

11. Der Aufsatz (*essay*), _____, ist schwer.

12. Die Polizei fand die Wanderer, _____.

13. Der Wagen, _____, ist ein BMW.

14. Wir wohnen in einem Land, _____.

15. Viele helfen dem Jungen, _____.

16. Ist das das Pferd, _____.

17. Ich sehe das Fenster, _____.

18. Mein Nachbar, _____, ist krank geworden.

19. Er sitzt auf einem Stuhl, _____.

20. Wir begegneten der Richterin, _____.

Passive voice

The passive voice in English is composed of a conjugated form of *be* (*am, is, are, was, were, have been, will be*) and a past participle.

> It ***is being fixed.***
> The man ***was fired*** by his boss.
> You ***will be rewarded*** by the new mayor.

Formation of the passive voice

The German passive voice is composed of a conjugated form of **werden** and a past participle.

First, let's review this important verb **werden**. The verb **werden** has three specific functions. When it accompanies an infinitive, it is used as the auxiliary of the future tense. For example:

> Ich **werde** in die Schweiz reisen.   *I will travel to Switzerland.*

When it stands alone it means *become* or *get.* Let's look at this verb in the various tenses.

> Es **wird** sehr kalt.   *It's getting very cold.*
> Es **wurde** sehr kalt.   *It got very cold.*
> Es **ist** sehr kalt **geworden.**   *It got/has gotten very cold.*
> Es **wird** sehr kalt **werden.**   *It will get very cold.*

The third function of **werden** is its use as the auxiliary of a transitive past participle. This is the *passive voice*, and in the passive voice, **werden** is translated as a conjugated form of *be* (*am, is, are, was, were, have been, will be*). It is important to remember that intransitive verbs or verbs of motion are not used in the passive voice.

The major difference between the active voice and the passive voice is how the subject and direct object of an active voice sentence change in a passive voice sentence: the subject becomes the *object of a preposition*, and the direct object becomes the *subject*. Let's look at an example in English:

ACTIVE VOICE	PASSIVE VOICE
The boy kissed her.	*She was kissed by the boy.*

The direct object *her* has become the subject *she* of the passive voice sentence. The subject of the active voice sentence (*the boy*) is now in a passive position in the passive voice sentence and is introduced by the preposition *by* (*by the boy*).

Let's look at some German examples of active voice sentences and how they are changed to the passive voice. When making the change to the passive voice, the passive voice sentence must be in the same tense as the active voice sentence from which it is derived.

PRESENT TENSE ACTIVE VOICE	PRESENT TENSE PASSIVE VOICE
Der Mann verkauft den Wagen.	Der Wagen wird von dem Mann verkauft.
The man sells the car.	*The car is sold by the man.*

PAST TENSE ACTIVE VOICE	PAST TENSE PASSIVE VOICE
Ich zerbrach die Vase.	Die Vase wurde von mir zerbrochen.
I smashed the vase.	*The vase was smashed by me.*

PRESENT PERFECT ACTIVE SENTENCE	PRESENT PERFECT PASSIVE SENTENCE
Wir haben die Blumen gekauft.	Die Blumen sind von uns gekauft worden.
We (have) bought the flowers.	*The flowers were/have been bought by us.*

FUTURE ACTIVE SENTENCE	FUTURE PASSIVE SENTENCE
Diese Frau wird die Kinder finden.	Die Kinder werden von dieser Frau gefunden werden.
This woman will find the children.	*The children will be found by this woman.*

The participle **geworden** is only used when the meaning of **werden** is *become* or *get*. The participle **worden** is only used when it means *been* in a passive voice sentence. Both, however, use **sein** as their auxiliary.

| Sie **ist** krank **geworden.** | *She became/has become ill.* |
| Sie **ist** von Erik geküsst **worden.** | *She was/has been kissed by Erik.* |

Note that the preposition **von** is used to mean *by* in passive voice sentences. The object of **von** is always in the dative case.

Es wurde **von ihm** zerbrochen.	*It was smashed by him.*
Es wurde **von einem Freund** zerbrochen.	*It was smashed by a friend.*
Es wurde **von der Schülerin** zerbrochen.	*It was smashed by the schoolgirl.*

ÜBUNG
19·1

Reword each passive voice sentence in the missing tenses.

1. PRESENT Der Anzug wird von dem Schneider genäht (*tailor, sewn*).

   PAST _____

   PRESENT PERFECT _____

   FUTURE _____

2. PRESENT _____

   PAST Von wem wurde das Haus gebaut?

   PRESENT PERFECT _____

   FUTURE _____

3. PRESENT _____

   PAST _____

   PRESENT PERFECT Die Schüler sind von dem Lehrer unterrichtet (*instructed*) worden.

   FUTURE _____

4. PRESENT _____

   PAST _____

   PRESENT PERFECT _____

   FUTURE Die neue Übung wird von ihr gelesen werden.

5. PRESENT Ein Glas Wein wird von dem Kellner (*waiter*) gebracht.

   PAST _____

   PRESENT PERFECT _____

   FUTURE _____

6. PRESENT _____

   PAST Kleider und Blusen wurden von ihr verkauft.

   PRESENT PERFECT _____

   FUTURE _____

7. PRESENT _____

   PAST _____

   PRESENT PERFECT Die alte Kirche ist von den Touristen besucht worden.

   FUTURE _____

8. PRESENT _____

   PAST _____

   PRESENT PERFECT _____

   FUTURE Die Wörter werden von der Schülerin gelernt werden.

9. PRESENT Die Fenster werden von meiner Tante aufgemacht.

   PAST _____

   PRESENT PERFECT _____

   FUTURE _____

10. PRESENT _____

    PAST <u>Wer wurde von ihnen verhaftet (*arrested*)?</u>

    PRESENT PERFECT _____

    FUTURE _____

ÜBUNG
19·2

Maintaining the tense of the active voice sentence, reword each active voice sentence in the passive voice.

EXAMPLE   Sie kaufte den roten Hut.

Der rote Hut wurde von ihr gekauft.

1. Der Student braucht neue Schuhe.

   _____

2. Die Malerin (*painter*) aß ein belegtes Brot (*sandwich*).

   _____

3. Diese Männer dressierten (*trained*) die Pferde.

   _____

4. Eine neue Dichterin (*poet*) hat diese Gedichte geschrieben.

   _____

5. Die Kinder werden die Lehrbücher (*textbooks*) lesen.

   _____

6. Meine Eltern haben die Ausländer eingeladen (*invited*).

   _____

7. Sie werden eine neue Werkstatt (*workshop*) bauen.

   _____

8. Die Arbeiter beendeten (*ended*) die Arbeit.

   _____

9. Meine Großmutter bäckt (*bakes*) einen Kuchen.

   _____

10. Herr Keller hat die Kinder gerufen.

   _____

11. Der Fleischer (*butcher*) wird die Tiere schlachten (*slaughter*).

   _____

12. Der Bauer zieht die Schweine auf (*raises*).

   _____

13. Der Gast hat drei Flaschen Wein bestellt.

   _____

14. Ein Gelehrter (*scholar*) erlernt viele Sprachen.

   _____

15. Die Mechaniker werden den alten Wagen reparieren.

   _____

16. Meine Frau fütterte das Baby.

   _____

17. Der Tischler hat einen Hammer und eine Säge (*saw*) benutzt.

   _____

18. Frau Schäfer entlässt (*fires*) einige Angestellte (*employees*).

   _____

19. Die Studentinnen werden das große Zimmer mieten (*rent*).

   _____

20. Felix hat die Fahrkarten wieder vergessen.

   _____

The preposition durch

The preposition **durch** can be translated as *by* in a passive sentence just like **von**. But there is a difference. Use **von** when the object of that preposition is the actual *doer* of the action of the verb. This is most often a person. For example:

> Sie ist **von ihrem Vater** geküsst worden.   *She was kissed by her father.*

Use **durch** to suggest that *something caused* the action of the verb to be carried out or that the action of the verb is *due to* the object of the preposition **durch**. This is most often a thing. For example:

> Das Haus ist **durch ein Erdbeben**   *The house was destroyed by (due to)*
> zerstört worden.   *an earthquake.*

In some cases, **von** can be used with a thing when that thing is the actual doer of the action. Compare the following two sentences:

Das Gebäude wurde **durch** einen Bombenangriff zerstört.	*The building was destroyed by (due to) a bombing attack.*
Das Gebäude wurde **von** einer Bombe zerstört.	*The building was destroyed by a bomb.*

Complete the sentence with the preposition **von** or the preposition **durch** and the phrase in parentheses.

EXAMPLE   (eine Bombe) Das Haus wurde *von einer Bombe* zerstört.

1. (ein Wolf) Das kleine Tier ist _____ gefressen worden.

2. (ein Gewitter [*rainstorm*]) Die Felder wurden _____ überschwemmt (*flooded*).

3. (ein Waldbrand [*forest fire*]) Das kleine Dorf wird _____ bedroht (*threatened*).

4. (ein Virus) Die Epidemie (*epidemic*) wurde _____ verursacht (*caused*).

5. (ein Fremder [*stranger*]) Die Blumen wurden _____ geschickt.

Passive and the dative case

Many transitive verbs in German are used with a dative object. These are the dative verbs, and although the object of the verbs is a direct object in the English translation, the object of the German verbs is in the dative case. For example:

Wir **helfen** dem Mann.	*We help the man.*
Ich **glaube** der Frau nicht.	*I don't believe the woman.*

The dative verbs can be used to form a passive voice sentence. But unlike direct objects in the accusative case, which become the nominative subject in the passive voice sentence, *dative case objects remain in the dative case*. The subject of such a passive voice sentence is **es**, and therefore the verb **werden** is conjugated for the third-person singular. It is very common to omit **es**. For example:

ACTIVE VOICE SENTENCE	PASSIVE VOICE SENTENCE
Wir helfen dem Mann.	Dem Mann wird von uns geholfen.
We help the man.	*The man is helped by us.*
Ich glaube der Frau nicht.	Der Frau wird von mir nicht geglaubt.
I don't believe the woman.	*The woman is not believed by me.*
Die Gäste haben ihr gedankt.	Ihr ist von den Gästen gedankt worden.
The guests (have) thanked her.	*She was/has been thanked by the guests.*
Das wird dem Arzt imponieren.	Dem Arzt wird davon imponiert werden.
That will impress the doctor.	*The doctor will be impressed by that.*

Just like other sentences that are changed from the active voice to the passive voice, the tense is identical in both types of sentences.

Reword each of the following passive voice sentences in the missing tenses.

1. PRESENT <u>Ihr wird von niemandem geglaubt.</u>

   PAST _____

   PRESENT PERFECT _____

   FUTURE _____

2. PRESENT _____

   PAST <u>Dem Herrn wurde für seine Hilfe von uns gedankt.</u>

   PRESENT PERFECT _____

   FUTURE _____

3. PRESENT _____

   PAST _____

   PRESENT PERFECT <u>Den Schülern ist von dem Lehrer gratuliert worden.</u>

   FUTURE _____

4. PRESENT _____

   PAST _____

   PRESENT PERFECT _____

   FUTURE <u>Der Gesundheit wird durch Rauchen geschadet werden.</u>

5. PRESENT <u>Den Touristen wird von dem Dieb gedroht.</u>

   PAST _____

   PRESENT PERFECT _____

   FUTURE _____

6. PRESENT _____

   PAST <u>Dem Professor wurde nicht von den Studenten widersprochen.</u>

   PRESENT PERFECT _____

   FUTURE _____

7. PRESENT _____

   PAST _____

   PRESENT PERFECT <u>Der alten Dame ist von ihm geschmeichelt worden.</u>

   FUTURE _____

8. PRESENT _____

   PAST _____

   PRESENT PERFECT _____

   FUTURE Uns wird immer von ihnen vertraut werden.

9. PRESENT Den verlorenen Kindern wird von dem Polizisten geholfen.

   PAST _____

   PRESENT PERFECT _____

   FUTURE _____

10. PRESENT Dem König wird von einem jungen Mädchen gedient.

   PAST _____

   PRESENT PERFECT _____

   FUTURE _____

Expressing an indirect object with the dative case

The dative case is also used to express an indirect object. This function of the dative can also appear in a passive voice sentence. But if there is an indirect object in a sentence, then there must also be a direct object. And the direct object in an active voice sentence becomes the subject of a passive voice sentence. Be aware that this is different from the use of dative verbs in the passive. Another difference is the position of the dative object in the passive sentence. It can begin the sentence, or the subject can begin the sentence. Let's look at some examples:

ACTIVE VOICE SENTENCE	PASSIVE VOICE SENTENCE
Erik gibt der Frau die Geschenke.	Der Frau werden die Geschenke von Erik gegeben.
Erik gives the woman the gifts.	*The woman is given the gifts by Erik.*
	or Die Geschenke werden der Frau von Erik gegeben.
	The gifts are given to the woman by Erik.
Sie kaufte ihrem Bruder einen Schlips.	Ihrem Bruder wurde ein Schlips von ihr gekauft.
She bought her brother a tie.	*Her brother was bought a tie by her.*
	or Ein Schlips wurde ihrem Bruder von ihr gekauft.
	A tie was bought for her brother by her.
Er hat es ihnen gezeigt.	Ihnen ist es von ihm gezeigt worden.
He showed it to them.	*They were shown it by him.*
	or Es ist ihnen von ihm gezeigt worden.
	It was shown to them by him.

Remember that the subject of passive voice sentences as illustrated can be any number or person. Therefore, the verb **werden** can have a variety of endings, unlike dative verbs in the passive voice, which are always conjugated for **es**.

ÜBUNG
19·5

Reword each active voice sentence in the passive voice twice: once with the indirect object beginning the sentence and once with the direct object beginning the sentence. If there is no direct object in the sentence, restate it once. Retain the tense of the original sentence.

1. Sie brachte mir Blumen.

   _____

   _____

2. Thomas hat der Amerikanerin einen Teller (*plate, bowl*) Suppe bestellt.

   _____

   _____

3. Die Touristen werden das Museum fotografieren.

   _____

   _____

4. Viele schicken der armen Frau Geld.

   _____

   _____

5. Ich gab ihr eine kleine Überraschung (*surprise*).

   _____

   _____

6. Die Lehrerin hat ihnen die Bücher ausgeteilt (*distributed*).

   _____

   _____

7. Unser Sohn wird uns einen Fernsehapparat (*TV*) schenken.

   _____

   _____

8. Seine Cousine sendet ihm viele E-Mails.

   _____

   _____

9. Er wird seiner Tochter einen Wagen kaufen.

_____

_____

10. Die Malerin zeigte uns die Gemälde.

_____

_____

ÜBUNG
19·6

Choose the letter of the word or phrase that best completes each sentence.

1. Ich _____ von den Eltern geliebt.
   a. habe   b. werde   c. wurden   d. kann

2. Pferde wurden _____ aufgezogen.
   a. von den Bauern b. worden   c. geworden   d. ins Dorf

3. Ein neues Gedicht ist von ihm _____.
   a. gelernt worden b. einem Schüler   c. schreiben   d. von dem Jungen

4. Die Schule ist _____ ein Erdbeben zerstört worden.
   a. durch   b. davon   c. wurde   d. von

5. _____ wurde nicht damit geholfen.
   a. Ihm   b. Das Mädchen   c. Von den Kindern   d. Sie

6. Das Brot _____ vom Bäcker gebacken werden.
   a. ist   b. sind   c. wurde   d. wird

7. Es ist wieder kalt _____.
   a. gebaut worden   b. geworden   c. wurden   d. von uns

8. Die Kinder wurden _____ unterrichtet.
   a. durch ein Gewitter b. es   c. morgen   d. von einer neuen
                                                                  Lehrerin

9. _____ wurdet von einem alten Freund eingeladen.
   a. Wir   b. Uns   c. Er   d. Ihr

10. Wir werden dem alten Mann _____.
    a. geholfen worden b. helfen   c. geglaubt   d. glauben werden

11. Mir ist für meine Hilfe _____.
    a. gedankt worden   b. dienen   c. gratulieren   d. gesehen worden
                                             werden

12. Uns _____ die Briefe von einer Cousine geschickt.
    a. wird   b. wurde   c. ist worden   d. wurden

13. _____ du von der neuen Ärztin behandelt worden?
    a. War   b. Hast   c. Ist   d. Bist

14. _____ sind von den Kindern gesammelt worden.
    a. Der Gast   b. Die Malerin   c. Viele Bücher   d. Dieses Gemälde

15. Die Garage ist _____ zerstört worden.
    a. von einer Bombe b. es regnete   c. durch die Felder d. ein schreckliches
                                                                  Gewitter

Infinitive clauses

German infinitives end in **-en** or **-n**. They are most often paired with modal auxiliaries or certain other verbs that are used as auxiliaries, for example: **helfen**, **hören**, **lassen**, and **sehen**. In sentences, the infinitives used together with these auxiliaries become the last element in a sentence or clause.

Modal auxiliaries

Er **muss** sofort nach Hause **gehen**.	*He has to go home immediately.*
Kannst du das **erklären**?	*Can you explain that?*
Wir **wollten** um acht **frühstücken**.	*We wanted to have breakfast at eight.*

Other auxiliaries

Martin **hört** die Frau **weinen**.	*Martin hears the woman crying.*
Sehen Sie die Vögel darüber **fliegen**?	*Do you see the birds flying above it?*
Er **ließ** seinen Wagen **waschen**.	*He had his car washed.*

Formation of infinitive clauses

Infinitives can also be used in so-called *infinitive clauses*, which require the use of the word **zu** with the infinitives. Infinitive clauses can be used in sentences that begin with **es**, an impersonal subject. That sentence is most often a statement that is explained by the infinitive clause. For example:

Es ist wichtig, ehrlich **zu sein**.	*It is important to be honest.*

(Statement: "Es ist wichtig." Explanation: "ehrlich zu sein.")

Es war unmöglich, den Mann **zu retten**.	*It was impossible to rescue the man.*

(Statement: "Es war unmöglich." Explanation: "den Mann zu retten.")

If the infinitive in an infinitive clause has an inseparable prefix, **zu** merely precedes the infinitive. But if the infinitive has a separable prefix, **zu** stands between the prefix and the verb and all the elements are written as one word. For example:

versprechen (*promise*) = **zu versprechen**
aussprechen (*pronounce*) = **auszusprechen**

When an infinitive or participle is accompanied by an auxiliary and they are used in an infinitive clause, the auxiliary is used as an infinitive and is preceded by **zu** and follows the accompanying infinitive or participle. For example:

Ich muss arbeiten. = **arbeiten zu müssen**	*to have to work*
Wir lassen den Wagen reparieren. = **den Wagen reparieren zu lassen**	*to have the car repaired*
Er hat es gesagt. = **es gesagt zu haben**	*to have said it*
Es wird von ihr zerbrochen. = **von ihr zerbrochen zu werden**	*to be broken by her*

ÜBUNG
20·1

Change the sentences provided in parentheses to explanatory infinitive clauses. Use them to complete the sentences introduced by **es**.

EXAMPLE   Es ist wichtig, _____.

(Er hilft alten Leuten.)

Es ist wichtig, alten Leuten zu helfen.

Es wird unmöglich sein, _____.

1. (Wir machen eine Amerikareise.)

   _____

2. (Sie verdient genug Geld.)

   _____

3. (Ich gehe heute abend spazieren.)

   _____

4. (Wir frühstücken mit euch.)

   _____

5. (Felix besichtigt [*see, go sightseeing*] die ganze Stadt.)

   _____

Es ist notwendig (*necessary*), _____.

6. (Wir schreiben einen anderen Brief.)

   _____

7. (Sie erlernt zwei fremde Sprachen.)

   _____

8. (Wir erziehen die Kinder richtig.)

_____

9. (Der Bürgermeister verwaltet [*manages*] die Stadt besser.)

_____

10. (Man wiederholt das lange Gedicht jeden Tag.)

_____

Es ist sehr gesund, _____.

11. (Ich gehe täglich joggen [*jogging*].)

_____

12. (Die Kinder stehen früh auf.)

_____

13. (Wir behalten die Ruhe [*keep calm*].)

_____

14. (Sie kocht ohne Salz [*salt*] und Fett [*fat*].)

_____

15. (Er gibt das Rauchen [*smoking*] auf.)

_____

ÜBUNG

20·2

Change the sentences provided in parentheses to explanatory infinitive clauses. Use them to complete the sentences introduced by **es**.

EXAMPLE   Es ist wichtig, _____.

(Er hat eine gute Schule besucht.)

Es ist wichtig, eine gute Schule besucht zu haben.

Es war Schade (*pity*), _____.

1. (Wir haben das Spiel verloren.)

_____

2. (Sie haben den Mann entlassen.)

_____

3. (Sie muss nach Schweden ziehen [*move*].)

_____

4. (Seine Frau hat zu viel Geld ausgegeben [*spent*].)

_____

5. (Wir sind vergebens [*for nothing, in vain*] so weit gefahren.)

_____

Es war eine gute Idee, _____.

6. (Sie will an eine Universität gehen.)

_____

7. (Ich finde einen guten Job.)

_____

8. (Wir bleiben gesund und froh.)

_____

9. (Erik kann zwei musikalische Instrumente spielen.)

_____

10. (Sie lässt ein neues Kleid machen.)

_____

Verbs that introduce infinitive clauses

There is a list of verbs that often introduce infinitive clauses. The most common of these verbs are:

anfangen	*begin, start*
aufhören	*cease, stop*
beabsichtigen	*intend*
beginnen	*begin, start*
brauchen	*need*
hoffen	*hope*
vergessen	*forget*
versuchen	*attempt, try*
wünschen	*wish*

Let's look at some example sentences with some of these verbs:

Er **fängt an**, ziemlich gut zu singen.   *He starts to sing rather well.*

Wir **beabsichtigen**, ein neues Haus in Mannheim zu bauen.   *We intend to build a new house in Mannheim.*

Du **brauchst** nicht davor Angst zu haben.   *You need not fear that.*

Ich **vergaß**, meinen Regenschirm mitzubringen.   *I forgot to bring my umbrella along.*

Wir **wünschen**, dieses Konzert bald wieder zu hören.   *We wish to listen to this concert again soon.*

ÜBUNG 20·3

Combine the two clauses provided by changing the second one to an infinitive clause.

EXAMPLE   Er beginnt. Er singt sehr laut.

Er beginnt, sehr laut zu singen.

1. Ich vergesse. Ich erzähle von meiner Europareise.

_____

2. Wir haben versucht. Wir sprechen mit dem Bürgermeister.

_____

3. Meine Eltern hoffen. Sie können jeden Abend spazieren gehen.

_____

4. Du musst aufhören. Du spielst mit den kleinen Welpen.

_____

5. Sie fangen an. Sie arbeiten früh am Morgen.

_____

6. Ich hoffe. Ich kann in den Ferien (*vacation*) länger schlafen.

_____

7. Niemand versucht. Niemand folgt dem entlaufenden (*fleeing*) Taschendieb.

_____

8. Sabine will nicht aufhören. Sabine tanzt mit ihrem neuen Freund.

_____

9. Die Großeltern wünschen sehr. Sie besuchen ihre Kinder und Enkel in Bremen.

_____

10. Tina hat vergessen. Tina bringt ein Geschenk mit.

_____

Infinitive clauses as nouns

Infinitive clauses can function in place of a noun or noun phrase used as the subject of the sentence. This occurs in English as well as in German. For example:

> **To help with the dishes** *is a chore that Mike hated.*
> **To get good grades** *has always been my goal.*
> **To win at chess** *was her greatest wish.*

In German, the infinitive accompanied by **zu** occurs at the end of the clause and is followed by the rest of the sentence. For example:

Ihm damit zu helfen war völlig unmöglich.	*To help him with that was quite impossible.*
Schnell zu tippen ist sehr schwer.	*To type quickly is very hard.*
Reich zu sein wird nur ein Wunsch bleiben.	*To be rich will remain only a wish.*

Because the infinitive clause replaces a noun or noun phrase, it can also function as the object of a verb or preposition. Consider the following examples when the infinitive clause is used as the direct object:

Ich verspreche dir **früh nach Hause zu kommen**.	*I promise you to come home early.*
Er hat uns empfohlen **die Kunsthalle zu besuchen**.	*He recommended to us to visit the art museum.*

When the infinitive clause follows a preposition, the preposition is formed as a prepositional adverb, which is then followed by the infinitive clause.

Wir freuen uns **darüber von den Gästen gratuliert zu werden**.	*We are happy to be congratulated by the guests.*
Die Jungen interessieren sich **dafür ein Baumhaus zu bauen**.	*The boys are interested in building a tree house.*

ÜBUNG
20·4

Complete each phrase with two appropriate infinitive clauses.

1. _____ ist notwendig.

   _____ ist notwendig.

2. _____ war nicht leicht.

   _____ war nicht leicht.

3. Erik hat mir versprochen _____.

   Erik hat mir versprochen _____.

4. Kleine Sabine träumt (*dreams*) davon _____.

   Kleine Sabine träumt davon _____.

5. Freuen Sie sich darauf (*look forward to*) _____?

   Freuen Sie sich darauf _____?

Prepositions commonly used with infinitive clauses

Infinitive clauses are frequently used with certain prepositions. The most commonly used of these prepositions are **anstatt** *instead of,* **ohne** *without,* and **um** *around.* In the case of **um,** the meaning of the preposition is lost, and a new meaning is derived from the preposition being used in combination with the infinitive clause. In all cases, the preposition will introduce the clause, and the infinitive will be the last element of the clause. Let's look at some examples.

Anstatt zu

Karl spielte mit Thomas, **anstatt** mit seiner Schwester **zu spielen.**	*Karl played with Thomas instead of playing with his sister.*
Wir lernen Französisch, **anstatt** Englisch **zu lernen.**	*We learn French instead of learning English.*
Die Jungen stehen am Ufer, **anstatt** dem Mann **zu helfen.**	*The boys stand on shore instead of helping the man.*

Ohne zu

Sie tauchte ins Wasser, **ohne** an ihre Sicherheit **zu denken.**	*She dove into the water without thinking of her safety.*
Lars benutzt die neue Säge, **ohne** Erlaubnis von seinem Vater **zu bekommen.**	*Lars uses the new saw without asking his father for permission.*
Tina antwortete, **ohne** von der Lehrerin **gefragt zu werden.**	*Tina answered without being asked by the teacher.*

Um zu

Die Frau lief in die Mitte der Straße, **um** die Katze **zu retten.**	*The woman ran into the middle of the street in order to rescue the cat.*
Sie arbeiten viel, **um** vorwärts **zu kommen.**	*They work a lot in order to get ahead.*
Der Gelehrte blieb zu Hause, **um** ein Buch **zu übersetzen.**	*The scholar remained at home in order to translate a book.*

ÜBUNG
20·5

Reword each incomplete sentence with any appropriate infinitive clauses.

Er sieht den ganzen Abend fern, anstatt _____.

1. _____

2. _____

3. _____

4. _____

5. _____

Die Touristen sind nach Hause gefahren, ohne _____.

6. _____

7. _____

8. _____

9. _____

10. _____

Tina und Felix müssen viel arbeiten, um _____.

11. _____

12. _____

13. _____

14. _____

15. _____

Stefan wird nicht vergessen, _____.

16. _____

17. _____

18. _____

19. _____

20. _____

Meine Mutter träumt davon _____.

21. _____

22. _____

23. _____

24. _____

25. _____

Subjunctive mood

The German subjunctive mood is expressed in two conjugational forms: the *present subjunctive*, which is also called *subjunctive I*, and the *past subjunctive*, which is also called *subjunctive II*. Here the two forms will be referred to by the latter names. Both subjunctive I and II use the same conjugational endings. For the first, second, and third persons singular, they are **-e**, **-est**, and **-e**. For the first, second, and third persons plural, they are **-en**, **-et**, and **-en**. The verb **sein** is the only exception in subjunctive I.

Subjunctive I

In the subjunctive I conjugation, irregularities do not occur. All verbs use their verb stem [infinitive minus **-(e)n**] and add the subjunctive I conjugational endings. For example:

	finden	**können**	**haben**	**werden**	**sein**
ich	finde	könne	habe	werde	sei
du	findest	könnest	habest	werdest	seiest
er	finde	könne	habe	werde	sei
wir	finden	können	haben	werden	seien
ihr	findet	könnet	habet	werdet	seiet
sie	finden	können	haben	werden	seien

Note that a modal auxiliary (**können**) does not deviate from the subjunctive I pattern.

When prefixes are added to verbs, the verbs still conform to this conjugational pattern.

	bekommen	**mitnehmen**
ich	bekomme	nehme mit
du	bekommest	nehmest mit
er	bekomme	nehme mit
wir	bekommen	nehmen mit
ihr	bekommet	nehmet mit
sie	bekommen	nehmen mit

The primary use of the subjunctive I conjugation is with verbs used in *indirect discourse*. Direct discourse is a statement that someone makes and usually is enclosed by quotation marks in writing.

> *Mary: "Erik has a test tomorrow."*

Indirect discourse is the retelling of what someone has said.

> *Mary said that Erik has a test tomorrow.*

In the German translation of these sentences, the verb in Mary's statement (*has*) is conjugated in subjunctive I in the indirect discourse sentence.

> Maria: „Erik hat morgen eine Prüfung."
> Maria sagte, dass Erik morgen eine Prüfung **habe**.

Let's look at a couple more examples:

> Erik: „Meine Freundin ist Krankenschwester."   *"My girlfriend is a nurse."*
> Erik sagte, dass seine Freundin Krankenschwester **sei**.

> Der Lehrer: „Kann das Kind Deutsch verstehen?"   *"Can the child understand German?"*
> Der Lehrer fragte, ob das Kind Deutsch verstehen **könne**.

If the clause in indirect discourse is introduced with a present tense verb, the subjunctive I conjugation is not used. For example:

> Erik **sagt**, dass seine Freundin Krankenschwester **ist**.
> Der Lehrer **fragt**, ob das Kind Deutsch **versteht**.

The conjunction **dass** is sometimes omitted in indirect discourse. This means a change in word order.

> Erik sagte, seine Freundin **sei** Krankenschwester.

However, the use of **dass** is more common.

When a yes-no question is asked in direct discourse, the clause with the indirect discourse is introduced by **ob** (*whether, if*). If the question begins with an interrogative word, the clause is introduced by that interrogative word used as a conjunction. For example:

> Sabine: „Lernt sie Mathematik?"   *"Is she learning mathematics?"*
> Sabine fragte, **ob** sie Mathematik lerne.

> Thomas: „**Wo** wohnt der alte Herr?"   *"Where does the old gentleman live?"*
> Thomas fragte, **wo** der alte Herr wohne.

When a statement is made in the past tense or a perfect tense, its structure in indirect discourse is in the form of a present perfect tense verb. For example:

> „Er lernte Deutsch." = Sie sagte, dass er Deutsch **gelernt habe**.
> „Er hat Deutsch gelernt." = Sie sagte, dass er Deutsch **gelernt habe**.
> „Er hatte Deutsch gelernt." = Sie sagte, dass er Deutsch **gelernt habe**.

Complete each sentence with the direct discourse statements provided. Do not change the subject of the sentence in direct discourse.

Der Reporter berichtete (*reported*), dass _____.

1. „Die Kanzlerin macht eine Reise nach Russland."

   _____

2. „Die Touristen sind in der Hauptstadt gewesen."

   _____

3. „Der Dieb ist gestern Abend verhaftet (*arrested*) worden."

   _____

4. „Die deutsche Wirtschaft (*economy*) wird immer stärker."

   _____

Die Dame hat gefragt, ob _____.

5. „Hat er das Problem verstanden?"

   _____

6. „Will Ihr Sohn auch spielen?"

   _____

7. „Sind die Gäste noch im Wohnzimmer?"

   _____

8. „Musst du so laut singen?"

   _____

Jemand fragte, _____.

9. „Wo arbeitet Frau Keller jetzt?"

   _____

10. „Warum hat Felix so viele Schulden (*debts*)?"

    _____

11. „Wohin fährt dein Bruder?"

    _____

12. „Wie viel Geld gibt der reiche Herr aus?"

    _____

Sie sagte, dass _____.

13. „Lars ist wieder sehr krank geworden."

_____

14. „Die laute Musik stört (disturbs) sie."

_____

15. „Ihr Mann wird seinen Pass vergessen."

_____

16. „Das Unwetter (storm) soll bald aufhören."

_____

Der Reiseführer hat uns erzählt, dass _____.

17. „Die alte Burg ist vor hundert Jahren zerstört worden."

_____

18. „Der letzte König hat in der Burg gewohnt."

_____

19. „Ein neues Theater wird neben dem Rathaus gebaut."

_____

20. „Man kann im Garten spazieren."

_____

ÜBUNG
21·2

Complete each sentence with the direct discourse statements provided. Do not change the subject of the sentence in direct discourse.

Frau Schneider teilte mit (informed), dass _____.

1. „Mein Bruder war vor einem Jahr in Afrika."

_____

2. „Der neue Professor kam aus Amerika."

_____

3. „Der Gast hat noch nicht gefrühstückt."

_____

4. „Die Ausländer sind zu lange im Museum geblieben."

_____

5. „Das Mädchen hatte zu wenig Geld."

_____

Der Richter hat geschrieben, dass _____.

6. „Niemand durfte dieses Gebiet betreten (_enter this area_)."

_____

7. „Der Fluss überschwemmte viel Land."

_____

8. „Meine Frau gewöhnte sich (_became accustomed_) nicht an die Seeluft."

_____

9. „Der Verbrecher (_criminal_) hat seine Rechte (_rights_) verloren."

_____

10. „Es gab nichts Schöneres als den Anblick der Berge (_view of the mountains_)."

_____

Subjunctive II

The subjunctive II conjugation is derived from the past tense of a verb. Regular verbs in subjunctive II resemble their regular past tense form. If the past tense form of the verb is irregular and has an umlaut vowel, an umlaut is added in subjunctive II. Let's look at some examples.

| | Regular verb | Irregular verbs | | | |
	sagen	**gehen**	**kommen**	**haben**	**sein**
ich	sagte	ginge	käme	hätte	wäre
du	sagtest	gingest	kämest	hättest	wärest
er	sagte	ginge	käme	hätte	wäre
wir	sagten	gingen	kämen	hätten	wären
ihr	sagtet	ginget	kämet	hättet	wäret
sie	sagten	gingen	kämen	hätten	wären

Modal auxiliaries that have an umlaut in the infinitive will also have an umlaut in the subjunctive II conjugation. Those without an umlaut do not have one in subjunctive II. For example:

	können	**müssen**	**wollen**	**sollen**
ich	könnte	müsste	wollte	sollte
du	könntest	müsstest	wolltest	solltest
er	könnte	müsste	wollte	sollte
wir	könnten	müssten	wollten	sollten
ihr	könntet	müsstet	wolltet	solltet
sie	könnten	müssten	wollten	sollten

Verbs that have a mixed conjugation are unique in that some of them break the subjunctive II pattern.

	brennen	kennen	rennen	senden	bringen	denken
ich	brennte	kennte	rennte	sandte	brächte	dächte
du	brenntest	kenntest	renntest	sandtest	brächtest	dächtest
er	brennte	kennte	rennte	sandte	brächte	dächte
wir	brennte	kennten	rennten	sandten	brächten	dächten
ihr	brennte	kenntet	renntet	sandtet	brächtet	dächtet
sie	brennten	kennten	rennten	sandten	brächten	dächten

ÜBUNG
21·3

Give the subjunctive I and subjunctive II conjugations of each verb.

1. schlafen

	subjunctive I	subjunctive II
ich	_____	_____
du	_____	_____
er	_____	_____
wir	_____	_____
ihr	_____	_____
sie	_____	_____

2. reisen

	subjunctive I	subjunctive II
ich	_____	_____
du	_____	_____
er	_____	_____
wir	_____	_____
ihr	_____	_____
sie	_____	_____

3. austrinken (*finish drinking*)

ich	_____	_____
du	_____	_____
er	_____	_____
wir	_____	_____
ihr	_____	_____
sie	_____	_____

4. vergessen

_____	_____
_____	_____
_____	_____
_____	_____
_____	_____
_____	_____

5. wissen

ich   _____   _____

du   _____   _____

er   _____   _____

wir   _____   _____

ihr   _____   _____

sie   _____   _____

6. aufmachen

_____   _____

_____   _____

_____   _____

_____   _____

_____   _____

_____   _____

7. denken

ich   _____   _____

du   _____   _____

er   _____   _____

wir   _____   _____

ihr   _____   _____

sie   _____   _____

8. abfahren

_____   _____

_____   _____

_____   _____

_____   _____

_____   _____

_____   _____

9. erwarten (*expect, await*)

ich   _____   _____

du   _____   _____

er   _____   _____

wir   _____   _____

ihr   _____   _____

sie   _____   _____

10. dürfen

_____   _____

_____   _____

_____   _____

_____   _____

_____   _____

_____   _____

The subjunctive II conjugation replaces the subjunctive I conjugation in indirect discourse *when the subjunctive I verb is identical to the indicative.* For example:

> Er sagte, dass seine Kinder zu Hause **bleiben**   *He said that his children are staying home.*
> (identical to indicative **bleiben**).

> Er sagte, dass seine Kinder zu Hause **blieben** (subjunctive II replaces subjunctive I).

This occurs most often in the first-person singular and the first- and third-person plural.

> Er sagte, dass ich zu schnell **führe** (replaces **fahre**).   *He said that I drive too fast.*
> Er sagte, dass wir gut **tanzten** (replaces **tanzen**).   *He said that we dance well.*
> Er sagte, dass sie keine Zeit **hätten** (replaces **haben**).   *He said that they have no time.*

Complete each sentence with the direct discourse statements provided. Do not change the subject of the sentence in direct discourse.

Der Arzt fragte, ob _____.

1. „Haben sie ein Rezept (*prescription*) dafür?"

   _____

2. „Habe ich einen Preis gewonnen?"

   _____

3. „Werden wir unsere Verwandten besuchen?"

   _____

4. „Sind die Sportler (*athletes*) schon auf dem Sportplatz?"

   _____

5. „Spreche ich nur Deutsch?"

   _____

Herr Benz antwortete, dass _____.

6. „Die Männer machen Überstunden (*overtime*)."

   _____

7. „Diese Bücher gehören (*belong to*) ihm."

   _____

8. „Die älteren Schüler wandern im Wald."

   _____

9. „Sonne und Meer (*sea*) machen jeden Menschen (*person*) gesund."

   _____

10. „Wir werden um vier Uhr abreisen."

   _____

Subjunctive II in spoken language

The subjunctive I conjugation is used most often in indirect discourse in formal language, particularly in writing. It is more common to use subjunctive II conjugations in the spoken language. For example:

WRITTEN LANGUAGE	SPOKEN LANGUAGE
Sie sagte, dass ihr Mann krank **sei**.	Sie sagte, dass ihr Mann krank **wäre**.
She said that her husband is sick.	

ÜBUNG 21·5

Complete each sentence with the direct discourse statements provided as they would be said in the spoken language. Do not change the subject of the sentence in direct discourse.

Der neue Student hat gefragt, _____.

1. „Woher wissen wir darüber?"

   _____

2. „Warum hat sie die Vorträge (*lectures*) nicht besucht?"

   _____

3. „Was kann man mit 200 Euro kaufen?"

   _____

4. „Wie lange hat das Theaterstück (*play*) gedauert (*lasted*)?"

   _____

5. „Wem willst du diesen alten Laptop schenken?"

   _____

Doktor Frank erzählte, dass _____.

6. „Seine Geschichte war total richtig."

   _____

7. „Die Studentin aus Frankreich ist leider durchgefallen (*failed*)."

   _____

8. „Viele Einwohner des Dorfes (*residents of the village*) werden dadurch krank werden."

   _____

9. „Er glaubte dem Diplomaten aus Asien nicht."

   _____

10. „Sein Sohn kam mit dem Präsidenten ins Gespräch (*conversation*)."

    _____

Subjunctive II with **wenn**-clauses

Another important use of subjunctive II is in a so-called **wenn**-clause (*if-clause*). This kind of clause expresses a *wish* or a *desired outcome*. For example, in English:

> *If only my brother were home from Afghanistan.*
> *If you could have seen how she looked in that dress.*

English frequently adds *only* to *if*-clauses. German does not have to include **nur**.
Verbs in German **wenn**-clauses are conjugated in subjunctive II. For example:

Wenn Onkel Heinz nicht so krank **wäre**!	*If Uncle Heinz were not so sick.*
Wenn es wärmer gewesen **wäre**!	*If only it had been warmer.*

The conjunction **wenn** is often omitted from the sentence, but the meaning remains the same. Modern English tends not to omit *if*.

Hätte ich nur mehr Zeit zu Hause!	*If I only had more time at home.*
Wäre meine Frau noch am Leben!	*If my wife were only still alive.*

Wenn is also used to introduce a clause that expresses an *unreal or desired condition*, followed by a clause that indicates what the *result* would be if that condition were achieved. Let's look at a couple of English examples first because English has a similar structure:

UNREAL OR DESIRED CONDITION	RESULT
If she would marry me,	*I would be the happiest of men.*
If the rain would stop,	*the children could go out and play.*

It is possible to place the *if-clause* in the second position. For example:

RESULT	UNREAL OR DESIRED CONDITION
He would buy her a necklace	*if he had a bit more money.*

Now let's look at some German examples. Note that the verbs in both clauses are conjugated in subjunctive II. In the result clause, the auxiliary **würde** accompanies an infinitive and most often means *would*. However, if there already is another auxiliary (**haben**, **sein**, **werden**, or modal auxiliary) in the clause, **würde** can be omitted.

Wenn sie mich wirklich **liebte**, **würde** ich sehr froh sein.	*If she really loved me, I would be very happy.*
Wenn Thomas nach Hause **käme**, **würde** sie sich sehr freuen.	*If Thomas came home, she would be so glad.*
Wenn ich ein bisschen älter gewesen **wäre**, **hätte** ich ein Auto kaufen können.	*If I had been a little older, I would have been able to buy a car.*
Wenn das Unwetter gefährlich (*dangerous*) **wäre**, **müssten** die Kinder zu Hause bleiben.	*If the thunderstorm became dangerous, the children would have to remain home.*

The word **so** often introduces the result clause.

Wenn sie mich wirklich liebte, **so** würde ich mich sehr freuen.

*Using the phrases provided, create original **wenn**-clauses.*

EXAMPLE   (intelligenter sein) *Wenn er nur intelligenter wäre!*

1. (schneller arbeiten) _____

2. (reich sein) _____

3. (einen guten Job haben) _____

4. (Eltern besuchen können) _____

5. (mich lieben) _____

*Combine the pairs of sentences, making the first sentence a **wenn**-clause.*

EXAMPLE   Sie kommt nach Hause. Ich freue mich darüber.

Wenn sie nach Hause käme, würde ich mich darüber freuen.

1. Martin spricht Deutsch. Er kann mit seinem Urgroßvater (*great-grandfather*) sprechen.

_____

2. Sie ist damals (*then, back then*) gesund gewesen. Sie hat den Arzt nicht gebraucht.

_____

3. Lars hat es gewusst. Er hat nicht gefragt.

_____

4. Wir gewinnen im Lotto (*lottery*). Wir kaufen ein neues Haus in der Stadt.

_____

5. Er kann ihr helfen. Sie ist sehr dankbar (*grateful*).

_____

6. Du hast Flügel (*wings*). Du kannst wie ein Vogel (*bird*) fliegen.

_____

7. Erik hat den Bürgermeister getroffen. Er hat mit ihm darüber gesprochen.

_____

8. Sie arbeiten mehr. Sie verdienen mehr Geld.

   _____

9. Das Wetter ist schlecht gewesen. Ich bin nicht aufs Land gefahren.

   _____

10. Die Studentin ist aufmerksam (*attentive, careful*). Sie macht keine Fehler (*mistakes*).

    _____

There are a few verbs that make an irregular change in subjunctive II. They are:

INFINITIVE	SUBJUNCTIVE II
empfehlen (*recommend*)	empföhle (*also* empfähle)
helfen (*help*)	hülfe (*also* hälfe)
stehen (*stand*)	stünde (*also* stände)
sterben (*die*)	stürbe
verstehen (*understand*)	verstünde
werfen (*throw*)	würfe

Subjunctive II with **als ob**

Another conjunction that requires the use of subjunctive II is **als ob** (*as if*). **Als ob** can also be said as **als wenn**. Let's look at a couple examples in English, which uses this conjunction in the same way as German:

> *She acts as if she were the brightest in the class.*
> *He hobbled as if he had injured his foot.*

Notice that the subjunctive form of the verb is also used in the English examples.

In German, the verb in the **als ob**–clause is conjugated in subjunctive II and stands at the end of the clause. For example:

Sie tut so, **als ob** sie am schnellsten laufen **könnte**.	*She acts as if she could run the fastest.*
Der Mann redete, **als ob** er alles **wüsste**.	*The man talked as if he knew everything.*
Der Junge sagte nichts, **als ob** er stumm geworden **wäre**.	*The boy said nothing as if he had become mute.*

Complete each sentence with the sentences in parentheses.

EXAMPLE   Sie tut so, als ob _____ .

(Sie kennt mich nicht.) *Sie tut so, als ob sie mich nicht kennte.*

Der Gast machte ein Gesicht, als ob _____ .

1. (Die Suppe schmeckt [*tastes*] nicht gut.)

_____

2. (Er ist sehr traurig [*sad*]).

_____

3. (Er versteht sie falsch.)

_____

4. (Der Gastgeber [*host*] ist unhöflich gewesen.)

_____

5. (Das Essen ist zu scharf [*spicy*].)

_____

Mein Bruder führt ein Leben [*conducts his life*], als wenn _____ .

6. (Er ist reich geworden.)

_____

7. (Unser Vater ist Millionär.)

_____

8. (Man kann von Wein und Bier leben.)

_____

9. (Seine Gesundheit [*health*] kann nie ein Ende haben.)

_____

10. (Er hat keine Freunde mehr.)

_____

Sentence writing

This chapter provides a variety of opportunities to do some creative writing. You will write original sentences in various formats and complete missing lines from dialogues. Do not be afraid to experiment and apply new ideas that you have developed from your experience with the other chapters. Use any resources that will help you write accurately.

Declensions of Nouns

ÜBUNG
22·1

Reword each sentence, changing the underlined noun to the ones provided in parentheses. Make any other necessary changes.

EXAMPLE   Sie hat ein <u>Buch</u>.

             (Landkarte) *Sie hat eine Landkarte.*

1. Der neue <u>Lehrer</u> wohnt in der Schillerstraße.

   (Lehrerin) _____

   (Studenten) _____

2. Haben Sie eine <u>Cousine</u> in Berlin besucht?

   (Freund) _____

   (Freunde) _____

3. Niemand hat mit der italienischen <u>Studentin</u> getanzt.

   (Student) _____

   (Touristin) _____

4. Das Haus meines <u>Professors</u> wurde von Herrn Schneider repariert.

   (Tante) _____

   (Schwestern) _____

5. Er wird seiner Mutter ein paar Rosen geben.

(Onkel) _____

(Verwandte) _____

6. Wie lange hast du auf deinen Freund gewartet?

(Brüder) _____

(Großmutter) _____

7. Eine ältere Dame stieg in der Hauptstraße aus.

(Herr) _____

(Leute) _____

8. Ich brauche neue Hemden.

(Bleistift) _____

(Stehlampe) _____

9. Die Kinder laufen an die Tür.

(Fenster) _____

(Mauer [wall]) _____

10. Wegen des Regens müssen wir zu Hause bleiben.

(Unwetter) _____

(Hitzewelle [heat wave]) _____

Follow the same directions, but substitute two new replacements of your choosing for each underlined noun.

11. Frau Keller bekommt ein großes Geschenk von ihrem Mann.

_____

_____

12. Ist das ein neues Restaurant?

_____

_____

13. Der letzte Zug kommt in fünf Minuten.

_____

_____

14. Die Waisenkinder (orphans) müssen bei ihren Verwandten wohnen.

_____

_____

15. Das rote Auto gehört einem alten <u>Freund</u>.

_____

_____

Create an original sentence using the phrase in boldface in the structure designated in parentheses.

der Mann

EXAMPLE   (subject of the sentence) _Der Mann arbeitet in der Stadt._

(object of the preposition **mit**) _Ich möchte mit dem Mann sprechen._

das nette Mädchen

1. (subject of the sentence) _____

2. (direct object) _____

3. (indirect object) _____

4. (object of the verb **helfen**) _____

5. (genitive possessive) _____

6. (object of the preposition **für**) _____

7. (object of the preposition **anstatt**) _____

8. (object of the preposition **von**) _____

9. (object of the verb **glauben**) _____

10. (predicate nominative) _____

11. (subject of a sentence with a double infinitive) _____

12. (subject of a passive voice sentence) _____

13. (object of **von** in a passive voice sentence) _____

14. (antecedent of a relative pronoun) _____

15. (subject of a clause in indirect discourse) _____

Create an original sentence using the phrase in boldface in the structure designated in parentheses.

unsere neuen Gäste

1. (subject of the sentence) _____

2. (direct object) _____

3. (indirect object) _____

4. (object of the verb **glauben**) _____

5. (genitive possessive) _____

6. (object of the preposition **um**) _____

7. (object of the preposition **auf**) _____

8. (object of the preposition **bei**) _____

9. (object of the verb **antworten**) _____

10. (object of the verb **gefallen**) _____

11. (subject of a sentence with a double infinitive) _____

12. (subject of a passive voice sentence) _____

13. (object of **von** in a passive voice sentence) _____

14. (antecedent of a relative pronoun) _____

15. (subject of a clause in indirect discourse) _____

ÜBUNG
22·4

Create an original sentence using the phrase in boldface in the structure designated in parentheses.

die kleine Bibliothek

1. (subject of the sentence) _____

2. (direct object 1) _____

3. (direct object 2) _____

4. (object of the verb **sich nähern** [*approach*]) _____

5. (genitive possessive) _____

6. (object of the preposition **hinter**) _____

7. (object of the preposition **in**) _____

8. (object of the preposition **zu**) _____

9. (direct object of a sentence with a double infinitive) _____

10. (object of the preposition **wegen**) _____

11. (subject of a sentence with a double infinitive) _____

12. (past tense sentence with **können**) _____

13. (subject of a passive voice sentence) _____

14. (antecedent of a relative pronoun) _____

15. (subject of a clause following **als ob**) _____

Declensions with pronouns

Reword each sentence, changing the underlined pronoun to the ones provided in parentheses. Make any other necessary changes.

EXAMPLE   Sie ist in der Stadt.

(er) *Er ist in der Stadt.*

1. Er möchte ein Glas Bier bestellen.

(ich) _____

(wir) _____

2. Darf ich ihn vorstellen (*introduce*)?

(sie *pl.*) _____

(du) _____

3. Klaudia hat schon mit ihm geredet.

(sie *s.*) _____

(Sie) _____

4. Er hat seine neue Freundin mitgebracht.

(ihr) _____

(du) _____

5. Herr Keller wurde durch ihn benachrichtigt (*informed*).

(sie *pl.*) _____

(ihr) _____

6. Wer hat mit <u>ihm</u> tanzen wollen?

   (du) _____

   (ich) _____

7. Diese Frauen spielen gegen <u>ihn</u>.

   (wir) _____

   (Sie) _____

8. Niemand kann <u>ihm</u> glauben.

   (sie *pl.*) _____

   (sie *s.*) _____

9. Ist <u>er</u> wirklich Arzt geworden?

   (du) _____

   (sie *s.*) _____

10. Herr Schäfer hatte <u>ihm</u> neue Schuhe gekauft.

    (du) _____

    (wir) _____

Follow the same directions, but substitute two new replacements of your choosing for each underlined pronoun.

11. <u>Ich</u> habe meine Bücher verloren.

    _____

    _____

12. <u>Man</u> steht an der Tür und klingelt (*ring*).

    _____

    _____

13. Wir haben <u>dich</u> nie vergessen.

    _____

    _____

14. Das sind ein paar Briefe von <u>ihr</u>.

    _____

    _____

15. Aber das gehört <u>Ihnen</u> nicht.

    _____

    _____

Create an original sentence using the pronoun in boldface in the structure designated in parentheses.

er

EXAMPLE   (subject of the sentence) *Er arbeitet in der Stadt.*

(object of the preposition **mit**) *Ich möchte mit ihm sprechen.*

ich

1. (subject of the sentence) _____

2. (direct object 1) _____

3. (indirect object 1) _____

4. (object of the verb **helfen**) _____

5. (as a possessive) _____

6. (object of the preposition **für**) _____

7. (object of the preposition **mit**) _____

8. (object of the preposition **von**) _____

9. (object of the verb **glauben**) _____

10. (direct object 2) _____

11. (subject of a sentence with a double infinitive) _____

12. (subject of a passive voice sentence) _____

13. (object of **von** in a passive voice sentence) _____

14. (indirect object 2) _____

15. (subject of a clause in indirect discourse) _____

Create an original sentence using the pronoun in boldface in the structure designated in parentheses.

es

1. (subject of the sentence) _____

2. (subject of a sentence in the future tense) _____

3. (direct object 1) _____

4. (direct object 2) _____

5. (as a possessive) _____

6. (object of the preposition **durch**) _____

7. (object of the preposition **mit**) _____

8. (object of the preposition **aus**) _____

9. (subject of a sentence in the present perfect tense) _____

10. (subject of a clause begun with **weil**) _____

11. (subject of a sentence with a double infinitive) _____

12. (subject of a passive voice sentence) _____

13. (subject of a sentence with a modal auxiliary) _____

14. (subject of a clause begun with **sondern**) _____

15. (subject of a clause in indirect discourse) _____

ÜBUNG

22·8

Create an original sentence using the pronoun in boldface in the structure designated in parentheses.

wir

1. (subject of the sentence) _____

2. (direct object 1) _____

3. (direct object 2) _____

4. (object of the verb **begegnen**) _____

5. (as a possessive) _____

6. (object of the preposition **gegen**) _____

7. (object of the preposition **an**) _____

8. (object of the preposition **zu**) _____

9. (object of the verb **gehören**) _____

10. (indirect object) _____

11. (subject of a sentence with a double infinitive **hören**) _____

12. (subject of a passive voice sentence) _____

13. (object of **von** in a passive voice sentence) _____

14. (indirect object 2) _____

15. (subject of a subjunctive sentence with **wenn**) _____

Verb conjugations

Reword each sentence in the tenses shown.

1. PRESENT <u>Die Gäste bringen Geschenke mit.</u>

   PAST _____

   PRESENT PERFECT _____

   FUTURE _____

2. PRESENT _____

   PAST <u>Waren Sie in der Schweiz?</u>

   PRESENT PERFECT _____

   FUTURE _____

3. PRESENT _____

   PAST _____

   PRESENT PERFECT <u>Es ist wieder regnerisch geworden.</u>

   FUTURE _____

4. PRESENT _____

   PAST _____

   PRESENT PERFECT _____

   FUTURE <u>Niemand wird dem Soldaten helfen können.</u>

5. PRESENT <u>Tina lässt ein neues Kleid nähen.</u>

   PAST _____

   PRESENT PERFECT _____

   FUTURE _____

6. PRESENT _____

   PAST <u>Der Taschendieb wurde von ihm verhaftet.</u>

   PRESENT PERFECT _____

   FUTURE _____

7. PRESENT _____

   PAST _____

   PRESENT PERFECT <u>Ich habe die Jungen ringen sehen.</u>

   FUTURE _____

8. PRESENT _____

PAST _____

PRESENT PERFECT _____

FUTURE Ich werde deine Frage nicht beantworten.

9. PRESENT Lars wiederholt das fremde Wort.

PAST _____

PRESENT PERFECT _____

FUTURE _____

10. PRESENT _____

PAST Sie nannten das Baby Angela.

PRESENT PERFECT _____

FUTURE _____

Create a present tense sentence with the verb or verb phrase provided. Then write the sentence in the remaining tenses.

haben

1. PRESENT _____

PAST _____

PRESENT PERFECT _____

FUTURE _____

vergessen

2. PRESENT _____

PAST _____

PRESENT PERFECT _____

FUTURE _____

begegnen

3. PRESENT _____

   PAST _____

   PRESENT PERFECT _____

   FUTURE _____

sein

4. PRESENT _____

   PAST _____

   PRESENT PERFECT _____

   FUTURE _____

reisen müssen

5. PRESENT _____

   PAST _____

   PRESENT PERFECT _____

   FUTURE _____

verkauft werden

6. PRESENT _____

   PAST _____

   PRESENT PERFECT _____

   FUTURE _____

singen hören

7. PRESENT _____

   PAST _____

   PRESENT PERFECT _____

   FUTURE _____

helfen können

8. PRESENT _____

    PAST _____

    PRESENT PERFECT _____

    FUTURE _____

besucht werden

9. PRESENT _____

    PAST _____

    PRESENT PERFECT _____

    FUTURE _____

werden

10. PRESENT _____

    PAST _____

    PRESENT PERFECT _____

    FUTURE _____

Clauses

ÜBUNG
22·11

Complete each sentence with any two clauses.

1. Er tut so, als ob _____.

    Er tut so, als ob _____.

2. Herr Körner schläft auf dem Sofa, und _____.

    Herr Körner schläft auf dem Sofa, und _____.

3. Als _____, lernte ich ein bisschen Spanisch.

    Als _____, lernte ich ein bisschen Spanisch.

4. Nachdem _____, musste Stefan das Geschirr abspülen.

    Nachdem _____, musste Stefan das Geschirr abspülen.

5. Mein Bruder hat in Bonn gearbeitet, aber _____.

   Mein Bruder hat in Bonn gearbeitet, aber _____.

6. Wenn es nicht so heiß wäre, _____.

   Wenn es nicht so heiß wäre, _____.

7. Ich hätte ihm damit geholfen, wenn _____.

   Ich hätte ihm damit geholfen, wenn _____.

8. Erik sagte, dass _____.

   Erik sagte, dass _____.

9. Meine Frau ist müde, weil _____.

   Meine Frau ist müde, weil _____.

10. Das Mädchen hat gefragt, ob _____.

    Das Mädchen hat gefragt, ob _____.

ÜBUNG
22·12

Create a sentence with each of the conjunctions provided.

1. (weil) _____

2. (denn) _____

3. (wenn) _____

4. (als) _____

5. (dass) _____

6. (ob) _____

7. (aber) _____

8. (als ob) _____

9. (oder) _____

10. (sondern) _____

Dialogues

A series of two-line dialogues between Sabine and Felix follows. Provide the missing line of dialogue.

EXAMPLE   Sabine: Wie geht's, Felix?

Felix: *Danke, es geht mir gut.*

1. Sabine: Wo ist dein Bruder?

   Felix: _____

2. Sabine: Ich habe gestern einen Ring von Thomas bekommen.

   Felix: _____

3. Sabine: _____

   Felix: Ist er jetzt im Krankenhaus?

4. Sabine: _____

   Felix: Ich möchte lieber in die Oper gehen.

5. Sabine: Willst du morgen abend ins Kino gehen?

   Felix: _____

6. Sabine: _____

   Felix: Leider nicht. Ich habe keine Zeit.

7. Sabine: Arbeitet deine Schwester noch in Amerika?

   Felix: _____

8. Sabine: _____

   Felix: Das ist zu teuer.

9. Sabine: Vorsicht! Der Fußgängerweg ist vereist.

   Felix: _____

10. Sabine: _____

    Felix: Danke. Ich habe lange gewünscht, so ein Hemd zu haben.

A series of three-line dialogues between Sabine and Felix follows. Provide the missing lines of dialogue.

EXAMPLE   Sabine: *Wie geht's, Felix?*

Felix: Danke, es geht mir gut.

Sabine: *Du siehst wieder gesund aus.*

1. Sabine: _____

   Felix: Nein, sie wohnt jetzt in Frankreich.

   Sabine: _____

2. Sabine: _____

   Felix: Wirklich? Wie ist das denn passiert?

   Sabine: _____

3. Sabine: Morgen kommt mein Cousin aus Polen zu Besuch.

   Felix: _____

   Sabine: _____

4. Sabine: _____

   Felix: _____

   Sabine: Vielleicht können wir Schach spielen.

5. Sabine: _____

   Felix: Es ist schon elf Uhr. Warum?

   Sabine: _____

APPENDIX
The principal parts of irregular verbs

Only the second-person and third-person singular are shown in the present tense. In the past tense, the third-person singular is provided. However, because of the number of irregularities in the conjugation, the full present tense conjugations of **sein** and **tun** are shown.

Indicative				Subjunctive
INFINITIVE	PRESENT	PAST	PAST PARTICIPLE	IMPERFECT
backen	bäckst; bäckt	buk *or* backte	gebacken	büke *or* backte
befehlen	befiehlst; befiehlt	befahl	befohlen	befÖhle
befleißen	befleißt; befleißt	befliss	beflissen	beflisse
beginnen	beginnst; beginnt	begann	begonnen	begÖnne
beißen	beißt; beißt	biss	gebissen	bisse
bergen	birgst; birgt	barg	geborgen	bürge
bersten	birst; birst	barst	geborsten	bÖrste
betrügen	betrügst; betrügt	betrog	betrogen	betrÖge
bewegen	bewegst; bewegt	bewog	bewogen	bewÖge
biegen	biegst; biegt	bog	gebogen	bÖge
bieten	bietest; bietet	bot	geboten	bÖte
binden	bindest; bindet	band	gebunden	bände
bitten	bittest; bittet	bat	gebeten	bäte
blasen	bläst; bläst	blies	geblasen	bliese
bleiben	bleibst; bleibt	blieb	geblieben	bliebe
bleichen	bleichst; bleicht	blich	geblichen	bliche
braten	brätst; brät	briet	gebraten	briete
brechen	brichst; bricht	brach	gebrochen	bräche
brennen	brennst; brennt	brannte	gebrannt	brennte
bringen	bringst; bringt	brachte	gebracht	brächte
denken	denkst; denkt	dachte	gedacht	dächte
dingen	dingst; dingt	dingte *or* dang	gedungen *or* gedingt	dingte
dreschen	drischst; drischt	drasch	gedroschen	drÖsche
dringen	dringst; dringt	drang	gedrungen	dränge

Indicative				Subjunctive
INFINITIVE	PRESENT	PAST	PAST PARTICIPLE	IMPERFECT
dürfen	darfst; darf	durfte	gedurft	dürfte
empfangen	empfängst; empfängt	empfing	empfangen	empfinge
empfehlen	empfiehlst; empfiehlt	empfahl	empfohlen	empföhle
empfinden	empfindest; empfindet	empfand	empfunden	empfände
erbleichen	erbleichst; erbleicht	erbleichte *or* erblich	erbleicht *or* erblichen	erbleichte; erbliche
erlöschen	erlischst; erlischt	erlosch	erloschen	erlösche
erschrecken	erschrickst; erschrickt	erschrak	erschrocken	erschäke
erwägen	erwägst; erwägt	erwog	erwogen	erwöge
essen	isst; isst	aß	gegessen	ässe
fahren	fährst; fährt	fuhr	gefahren	führe
fallen	fällst; fällt	fiel	gefallen	fiele
fangen	fängst; fängt	fing	gefangen	finge
fechten	fichtest; ficht	focht	gefochten	föchte
finden	findest; findet	fand	gefunden	fände
flechten	flichtest; flicht	flocht	geflochten	flöchte
fliegen	fliegst; fliegt	flog	geflogen	flöge
fliehen	fliehst; flieht	floh	geflohen	flöhe
fließen	fließt; fließt	floss	geflossen	flösse
fressen	frisst; frisst	fraß	gefressen	frässe
frieren	frierst; friert	fror	gefroren	fröre
gären	gärst; gärt	gor	gegoren	göre
gebären	gebierst; gebiert	gebar	geboren	gebäre
geben	gibst; gibt	gab	gegeben	gäbe
gedeihen	gedeihst; gedeiht	gedieh	gediehen	gediehe
gehen	gehst; geht	ging	gegangen	ginge
gelten	giltst; gilt	galt	gegolten	gälte *or* gölte
genesen	genest; genest	genas	genesen	genäse
genießen	genießt; genießt	genoss	genossen	genösse
geraten	gerätst; gerät	geriet	geraten	geriete
gewinnen	gewinnst; gewinnt	gewann	gewonnen	gewänne *or* gewönne
gießen	gießt; gießt	goss	gegossen	gösse
gleichen	gleichst; gleicht	glich	geglichen	gliche
gleiten	gleitest; gleitet	glitt	geglitten	glitte
glimmen	glimmst; glimmt	glomm *or* glimmte	geglommen *or* geglimmt	glömme *or* glimmte
graben	gräbst; gräbt	grub	gegraben	grübe
greifen	greifst; greift	griff	gegriffen	griffe
haben	hast; hat	hatte	gehabt	hätte
halten	hältst; hält	hielt	gehalten	hielte
hangen	hängst; hängt	hing	gehangen	hinge
hauen	haust; haut	hieb	gehauen	hiebe

Indicative

INFINITIVE	PRESENT	PAST	PAST PARTICIPLE	IMPERFECT
heben	hebst; hebt	hob	gehoben	höbe
heißen	heißt; heißt	hieß	geheißen	hieße
helfen	hilfst; hilft	half	geholfen	hülfe
kennen	kennst; kennt	kannte	gekannt	kennte
klimmen	klimmst; klimmt	klomm *or* klimmte	geklommen *or* geklimmt	klömme *or* klimmte
klingen	klingst; klingt	klang	geklungen	klänge
kneifen	kneifst; kneift	kniff	gekniffen	kniffe
kommen	kommst; kommt	kam	gekommen	käme
können	kannst; kann	konnte	gekonnt	könnte
kriechen	kriechst; kriecht	kroch	gekrochen	kröche
laden	lädst *or* ladest; lädt *or* ladet	lud *or* ladete	geladen *or* geladet	lüde *or* ladete
lassen	lässt; lässt	ließ	gelassen	ließe
laufen	läufst; läuft	lief	gelaufen	liefe
leiden	leidest; leidet	litt	gelitten	litte
leihen	leihst; leiht	lieh	geliehen	liehe
lesen	liest; liest	las	gelesen	läse
liegen	liegst; liegt	lag	gelegen	läge
lügen	lügst; lügt	log	gelogen	löge
mahlen	mahlst; mahlt	mahlte	gemahlen	mahlte
meiden	meidest; meidet	mied	gemieden	miede
melken	melkst; melkt	melkte	gemelkt *or* gemolken (*adjective*)	mölke
messen	misst; misst	maß	gemessen	mässe
mögen	magst; mag	mochte	gemocht	möchte
müssen	musst; muss	musste	gemusst	müsste
nehmen	nimmst; nimmt	nahm	genommen	nähme
nennen	nennst; nennt	nannte	genannt	nennte
pfeifen	pfeifst; pfeift	pfiff	gepfiffen	pfiffe
pflegen	pflegst; pflegt	pflegte *or* pflog	gepflegt *or* gepflogen	pflegte *or* pflöge
preisen	preist; preist	pries	gepriesen	priese
quellen	quillst; quillt	quoll	gequollen	quölle
raten	rätst; rät	riet	geraten	riete
reiben	reibst; reibt	rieb	gerieben	riebe
reißen	reißt; reißt	riss	gerissen	risse
reiten	reitest; reitet	ritt	geritten	ritte
rennen	rennst; rennt	rannte	gerannt	rennte
riechen	riechst; riecht	roch	gerochen	röche
ringen	ringst; ringt	rang	gerungen	ränge
rinnen	rinnst; rinnt	rann	geronnen	rönne
rufen	rufst; ruft	rief	gerufen	riefe

	Indicative			Subjunctive
INFINITIVE	PRESENT	PAST	PAST PARTICIPLE	IMPERFECT
salzen	salzt; salzt	salzte	gesalzt *or* gesalzen (*figurative*)	salzte
saufen	säufst; säuft	soff	gesoffen	söffe
saugen	saugst; saugt	sog	gesogen	söge
schaffen	schaffst; schafft	schuf	geschaffen	schüfe
schallen	schallst; schallt	schallte	geschallt	schallte *or* schölle
scheiden	scheidest; scheidet	schied	geschieden	schiede
scheinen	scheinst; scheint	schien	geschienen	schiene
schelten	schiltst; schilt	schalt	gescholten	schölte
scheren	schierst; schiert	schor *or* scherte	geschoren *or* geschert	schöre *or* scherte
schieben	schiebst; schiebt	schob	geschoben	schöbe
schießen	schießt; schießt	schoss	geschossen	schösse
schinden	schindest; schindet	schund	geschunden	schünde
schlafen	schläfst; schläft	schlief	geschlafen	schliefe
schlagen	schlägst; schlägt	schlug	geschlagen	schlüge
schleichen	schleichst; schleicht	schlich	geschlichen	schliche
schleifen	schleifst; schleift	schliff	geschliffen	schliffe
schleißen	schleißt; schleißt	schliss	geschlissen	schlisse
schliefen	schliefst; schlieft	schloff	geschloffen	schlöffe
schließen	schließt; schließt	schloss	geschlossen	schlösse
schlingen	schlingst; schlingt	schlang	geschlungen	schlänge
schmeißen	schmeißt; schmeißt	schmiss	geschmissen	schmisse
schmelzen	schmilzt; schmilzt	schmolz	geschmolzen	schmölze
schneiden	schneidest; schneidet	schnitt	geschnitten	schnitte
schrecken	schrickst; schrickt	schrak	geschrocken	schräke
schreiben	schreibst; schreibt	schrieb	geschrieben	schriebe
schreien	schreist; schreit	schrie	geschrieen	schriee
schreiten	schreitest; schreitet	schritt	geschritten	schritte
schweigen	schweigst; schweigt	schwieg	geschwiegen	schwiege
schwellen	schwillst; schwillt	schwoll	geschwollen	schwölle
schwimmen	schwimmst; schwimmt	schwamm	geschwommen	schwömme
schwinden	schwindest; schwindet	schwand	geschwunden	schwände
schwingen	schwingst; schwingt	schwang	geschwungen	schwänge
schwören	schwörst; schwört	schwur	geschworen	schwüre
sehen	siehst; sieht	sah	gesehen	sähe
sein	bin bist ist; sind seid sind	war	gewesen	wäre
senden	sendest; sendet	sandte *or* sendete	gesandt *or* gesendet	sendete
sieden	siedest; siedet	sott *or* siedete	gesotten	sötte *or* siedete

| Indicative | | | | Subjunctive |
INFINITIVE	PRESENT	PAST	PAST PARTICIPLE	IMPERFECT
singen	singst; singt	sang	gesungen	sänge
sinken	sinkst; sinkt	sank	gesunken	sänke
sinnen	sinnst; sinnt	sann	gesonnen	sänne
sitzen	sitzt; sitzt	saß	gesessen	sässe
sollen	sollst; soll	sollte	gesollt	sollte
spalten	spaltest; spaltet	spaltete	gespalten *or* gespaltet	spaltete
speien	speist; speit	spie	gespieen	spiee
spinnen	spinnst; spinnt	spann	gesponnen	spönne
spleißen	spleißt; spleißt	spliss	gesplissen	splisse
sprechen	sprichst; spricht	sprach	gesprochen	spräche
sprießen	sprießt; sprießt	spross	gesprossen	sprösse
springen	springst; springt	sprang	gesprungen	spränge
stechen	stichst; sticht	stach	gestochen	stäche
stecken	steckst; steckt	steckte *or* stak	gesteckt	steckte *or* stäke
stehen	stehst; steht	stand	gestanden	stünde *or* stände
stehlen	stiehlst; stiehlt	stahl	gestohlen	stöhle
steigen	steigst; steigt	stieg	gestiegen	stiege
sterben	stirbst; stirbt	starb	gestorben	stürbe
stieben	stiebst; stiebt	stob *or* stiebte	gestoben *or* gestiebt	stöbe *or* stiebte
stinken	stinkst; stinkt	stank	gestunken	stänke
stoßen	stößt; stößt	stieß	gestoßen	stieße
streichen	streichst; streicht	strich	gestrichen	striche
streiten	streitest; streitet	stritt	gestritten	stritte
tragen	trägst; trägt	trug	getragen	trüge
treffen	triffst; trifft	traf	getroffen	träfe
treiben	treibst; treibt	trieb	getrieben	triebe
treten	trittst; tritt	trat	getreten	träte
triefen	triefst; trieft	troff	getrieft	tröffe
trinken	trinkst; trinkt	trank	getrunken	tränke
tun	tue tust tut; tun tut tun	tat	getan	täte
verderben	verdirbst; verdirbt	verdarb	verdorben	verdürbe
verdrießen	verdrießt, verdrießt	verdross	verdrossen	verdrösse
vergessen	vergisst; vergisst	vergaß	vergessen	vergässe
verhehlen	verhehlst; verhehlt	verhehlte	verh'ehlt *or* verhohlen	verhehlte
verlieren	verlierst; verliert	verlor	verloren	verlöre

Indicative				Subjunctive
INFINITIVE	PRESENT	PAST	PAST PARTICIPLE	IMPERFECT
verwirren	verwirrst; verwirrt	verwirrte	verwirrt *or* verworren (*adjective*)	verwirrte
wachsen	wächst; wächst	wuchs	gewachsen	wüchse
wägen	wägst; wägt	wog *or* wägte	gewogen	wöge *or* wägte
waschen	wäschst; wäscht	wusch	gewaschen	wüsche
weichen	weichst; weicht	wich	gewichen	wiche
weisen	weist; weist	wies	gewiesen	wiese
wenden	wendest; wendet	wandte *or* wendete	gewandt *or* gewendet	wendete
werben	wirbst; wirbt	warb	geworben	würbe
werden	wirst; wird	wurde	geworden	würde
werfen	wirfst; wirft	warf	geworfen	würfe
wiegen	wiegst; wiegt	wog	gewogen	wöge
winden	windest; windet	wand	gewunden	wände
wissen	weißt; weiß	wusste	gewusst	wüsste
wollen	willst; will	wollte	gewollt	wollte
zeihen	zeihst; zeiht	zieh	geziehen	ziehe
ziehen	ziehst; zieht	zog	gezogen	zöge
zwingen	zwingst; zwingt	zwang	gezwungen	zwänge

Some irregular verbs are used in impersonal expressions and are conjugated only with the third person:

Indicative				Subjunctive
INFINITIVE	PRESENT	PAST	PAST PARTICIPLE	IMPERFECT
dünken	dünkt *or* deucht	deuchte *or* dünkte	gedeucht *or* gedünkt	deuchte *or* dünkte
gelingen	gelingt	gelang	gelungen	gelänge
geschehen	geschieht	geschah	geschehen	geschähe
misslingen	misslingt	misslang	misslungen	misslänge
schwären	schwärt *or* schwiert	schwor	geschworen	schwöre
verschallen	verschillt	verscholl	verschollen	verschölle

Answer key

1 Nominative and accusative cases

1·1 1. Das Kind singt zu laut. 2. Der Lehrer singt zu laut. 3. Der Freund singt zu laut. 4. Die Frau singt zu laut. 5. Die Kinder singen zu laut. 6. Die Schülerin schreibt auf Deutsch. 7. Die Schülerinnen schreiben auf Deutsch. 8. Der Professor schreibt auf Deutsch. 9. Die Mutter schreibt auf Deutsch. 10. Die Männer schreiben auf Deutsch. 11. Der Junge kauft etwas. 12. Das/Die Mädchen kauft/kaufen etwas. 13. Die Eltern kaufen etwas. 14. Die Schwestern kaufen etwas. 15. Die Cousine kauft etwas.

1·2 1. Ist das Gebäude eine Schule? 2. Ist das Gebäude ein Restaurant? 3. Ist das Gebäude ein Bahnhof? 4. Ist das Gebäude eine Gaststätte? 5. Ist das Gebäude ein Hotel? 6. Ist das Gebäude eine Bibliothek? 7. Ist das Gebäude ein Museum? 8. Ist das Gebäude eine Kirche? 9. Ist das Gebäude eine Fabrik? 10. Ist das Gebäude ein Wohnhaus?

1·3 1. Der Mann ist Bäcker. 2. Die Frau ist Amerikanerin. 3. Die Frau ist Lehrerin. 4. Der Mann ist Arzt. 5. Der Mann ist Engländer. 6. Die Frau ist Mexikanerin. 7. Der Mann ist Physiker. 8. Die Frau ist Russin. 9. Der Mann ist Dolmetscher. 10. Die Frau ist Deutsche.

1·4 1. Das Wetter wird heiß. 2. Eine Universität ist groß. 3. Die Häuser sind alt. 4. Das Zimmer wird dunkel. 5. Ein Lehrer ist jung.

1·5 *Sample answers are provided.* 1. Die Lehrerin kommt aus Deutschland. 2. Ist das Haus alt? 3. Die Kinder sind heute zu Hause. 4. Das Zimmer wird sehr dunkel. 5. Der Arzt wohnt in Berlin. 6. Ist der Wagen rot? 7. Die Mädchen spielen Tennis. 8. Wird die Frau Lehrerin? 9. Die Katze schläft unter dem Tisch. 10. Der Tisch ist neu.

1·6 1. Was bauen die Männer? 2. Was hat Herr Schneider? 3. Wen besuchen wir? Wen besucht ihr? Wen besuchen Sie? 4. Wen kennt der Tourist? 5. Was braucht Martin? 6. Was versteht niemand? 7. Wen sehe ich? Wen siehst du? Wen sehen Sie? 8. Wen hat Karin gern? 9. Was verkauft er? 10. Wen sehen wir? Wen seht ihr? Wen sehen Sie?

1·7 1. Haben Sie ein Heft? 2. Haben Sie die Briefe? 3. Haben Sie den Stuhl? 4. Haben Sie eine Bluse? 5. Haben Sie das Geld? 6. Ich kaufe einen Wagen. 7. Ich kaufe eine Zeitung. 8. Ich kaufe Bücher. 9. Ich kaufe eine Lampe. 10. Ich kaufe ein Handy.

1·8 1. Die Frauen sehen mich. 2. Die Frauen sehen dich. 3. Die Frauen sehen sie. 4. Die Frauen sehen es. 5. Die Frauen sehen euch. 6. Niemand versteht ihn. 7. Niemand versteht uns. 8. Niemand versteht Sie. 9. Niemand versteht sie. 10. Niemand versteht mich.

1·9 1. Die Kinder gehen durch die Straße. 2. Die Kinder gehen durch einen Tunnel. 3. Die Kinder gehen durch den Park. 4. Die Kinder gehen durch einen Garten. 5. Ich habe etwas für sie. 6. Ich habe etwas für ihn. 7. Ich habe etwas für euch. 8. Ich habe etwas für die Männer. 9. Warum ist er gegen uns? 10. Warum ist er dagegen? 11. Warum ist er dagegen? 12. Warum ist er gegen den Krieg? 13. Warum ist er gegen mich? 14. Warum ist er gegen dich? 15. Warum ist er gegen Sie?

2 Der-words, ein-words, and adjectives

2·1   1. Dieser Wagen ist sehr alt. Welcher Wagen ist sehr alt?   2. Jene Kinder spielen Tennis. Welche Kinder spielen Tennis?   3. Sie kennt jene Frau. Sie kennt jede Frau.   4. Welchen Arzt besuchen wir? Wir besuchen diesen Arzt.   5. Thomas hat jede Zeitung. Thomas hat jene Zeitung.   6. Sie arbeiten für diesen Professor. Sie arbeiten für jenen Professor.   7. Dieses Mädchen heißt Tina. Welches Mädchen heißt Tina?   8. Herr Schneider verkauft diesen Wagen. Herr Schneider verkauft jenen Wagen.   9. Diese Lehrerin kauft das Haus. *or* Die Lehrerin kauft dieses Haus. Welche Lehrerin kauft das Haus? *or* Welches Haus kauft die Lehrerin?   10. Welche Männer helfen ihnen? Solche Männer helfen ihnen.

2·2   1. Dieses schöne Mädchen wohnt in der Schillerstraße. Dieses nette Mädchen wohnt in der Schillerstraße.   2. Die amerikanischen Kinder sprechen Deutsch. Die kleinen Kinder sprechen Deutsch.   3. Wo ist der alte Stuhl? Wo ist der neue Stuhl?   4. Jener reiche Arzt hat einen BMW. Jener junge Arzt hat einen BMW.   5. Welche blaue Bluse ist besser? Welche billige Bluse ist besser?   6. Wo wohnen diese russischen Frauen? Wo wohnen diese ausländischen Frauen?   7. Ist jeder deutsche Sportler stark? Ist jeder junge Sportler stark?   8. Diese braunen Hunde sind nicht gesund. Diese großen Hunde sind nicht gesund.   9. Welche kleine Landkarte kostet fünf Euro? Welche europäische Landkarte kostet fünf Euro?   10. Jene englischen Bücher sind interessant. Jene neuen Bücher sind interessant.

2·3   1. Frau Schneider verkauft jene alte Lampe.   2. Frau Schneider verkauft jenen alten Wagen.   3. Frau Schneider verkauft jenen alten Tisch.   4. Frau Schneider verkauft jene alten Lampen.   5. Kennen Sie diese jungen Leute?   6. Kennen Sie diese junge Dame?   7. Kennen Sie diese junge Lehrerin?   8. Kennen Sie diese jungen Lehrerinnen?   9. Welchen neuen Stuhl brauchst du?   10. Welche neue Bluse brauchst du?   11. Welche neuen Blusen brauchst du?   12. Welches neue Hemd brauchst du?   13. Ich arbeite für diese nette Ärztin.   14. Ich arbeite für diesen netten Mann.   15. Ich arbeite für diese nette Frau.   16. Ich arbeite für diese netten Leute.   17. Er kommt ohne die neue Studentin.   18. Er kommt ohne den neuen Schüler.   19. Er kommt ohne das neue Hemd.   20. Er kommt ohne die neuen Zeitungen.

2·4   1. Meine Schwester wohnt in Berlin.   2. Ihre Schwester wohnt in Berlin.   3. Deine Schwester wohnt in Berlin.   4. Eure Schwester wohnt in Berlin.   5. Wessen Schwester wohnt in Berlin?   6. Sind Ihre Freunde in Heidelberg?   7. Sind ihre Freunde in Heidelberg?   8. Sind unsere Freunde in Heidelberg?   9. Wessen Freunde sind in Heidelberg?   10. Sind seine Freunde in Heidelberg?   11. Mein Bruder ist Richter.   12. Euer Bruder ist Richter.   13. Ihr Bruder ist Richter.   14. Sein Bruder ist Richter.   15. Unser Bruder ist Richter.

2·5   1. Ja, ein Lehrer wohnt in diesem Haus. Nein, kein Lehrer wohnt in diesem Haus.   2. Ja, diese Dame ist Ärztin. Nein, diese Dame ist keine Ärztin.   3. Ja, eine Katze ist unter dem Tisch. Nein, keine Katze ist unter dem Tisch.   4. Ja, ein Zug kommt. Nein, kein Zug kommt.   5. Ja, die Frau ist Richterin. Nein, die Frau ist keine Richterin.

2·6   1. Ist ihr kleiner Bruder zu Hause?   2. Ist ihr junger Bruder zu Hause?   3. Ist ihr kranker Bruder zu Hause?   4. Das ist eine neue Zeitung.   5. Das ist eine französische Zeitung.   6. Das ist eine interessante Zeitung.   7. Wo ist euer alter Tisch?   8. Wo ist euer großer Tisch?   9. Wo ist euer langer Tisch?   10. Unsere neuen Autos sind in der Garage.   11. Unsere amerikanischen Autos sind in der Garage.   12. Unsere blauen Autos sind in der Garage.   13. Das ist kein billiges Hemd.   14. Das ist kein schönes Hemd.   15. Das ist kein weißes Hemd.

2·7   1. Martin kommt ohne seine junge Tochter.   2. Martin kommt ohne seine kleine Tochter.   3. Martin kommt ohne seine kluge Tochter.   4. Besuchen Sie Ihren kranken Sohn?   5. Besuchen Sie Ihren älteren Sohn?   6. Besuchen Sie Ihren einzigen Sohn?   7. Die Jungen arbeiten für unsere amerikanischen Verwandten.   8. Die Jungen arbeiten für unsere alten Verwandten.   9. Die Jungen arbeiten für unsere netten Verwandten.   10. Ich brauche dein weißes Hemd.   11. Ich brauche dein neues Hemd.   12. Ich brauche dein schwarzes Hemd.   13. Siehst du ihren jüngeren Bruder?   14. Siehst du ihren älteren Bruder?   15. Siehst du ihren einzigen Bruder?

2·8   1. Seine   2. meinen, jungen   3. diese, deutsche   4. deine, amerikanischen   5. jenes, blaue   6. Diese, alte, keine   7. ein, interessantes   8. einen, langen   9. Meine, jüngeren   10. den, neuen / die, neuen

3 Dative case

3·1   1. seiner Freundin   2. dem Arzt   3. diesem Mädchen   4. seinen Brüdern   5. meiner Schwester   6. diesen Leuten   7. jenem Mann   8. Ihrer Tochter   9. meinen Kindern   10. dem Gast   11. jener Dame   12. seinen Lehrerinnen   13. unserem Onkel   14. den Mädchen   15. deiner Mutter

3·2   1. meinen deutschen Verwandten   2. seinem jüngeren Bruder   3. euren netten Eltern   4. seiner hübschen Schwester   5. unseren amerikanischen Gästen   6. jenen kleinen Kindern   7. diesen älteren Jungen   8. euren neuen Freunden   9. der jungen Dame   10. dem komischen Mann

3·3   1. Schenkte sie dir die Handschuhe?   2. Die Kinder bringen uns ein paar Blumen.   3. Die Touristen schickten euch Ansichtskarten.   4. Ich zeigte ihnen die alten Bilder.   5. Er gibt Ihnen die Briefe.

3·4   1. Zeigen Sie ihnen die alten Landkarten?   2. Was gibt sie ihnen?   3. Erik schenkt ihr einen Ring.   4. Seine Verwandten schickten ihm ein Geschenk.   5. Sie geben uns ein paar Euro.

3·5   1. Sie zeigten ihnen den neuen Wagen.   2. Sie zeigten ihn ihnen.   3. Gibst du ihr eine Blume?   4. Gibst du sie ihr?   5. Die Kinder bringen ihr ein Geschenk.   6. Die Kinder bringen es ihr.   7. Tina kaufte uns neue Handschuhe.   8. Tina kaufte sie uns.   9. Wir schicken ihm eine Ansichtskarte.   10. Wir schicken sie ihm.

3·6   *Sample answers are provided.* 1. Martin wohnt bei seinem alten Onkel.   2. Martin wohnt bei unseren amerikanischen Freunden.   3. Sprechen Sie mit meinen jüngeren Töchtern?   4. Sprechen Sie mit jenem alten Richter?   5. Erik wohnt gegenüber dem neuen Bahnhof.   6. Erik wohnt gegenüber unserer kleinen Schule.   7. Niemand sieht mich außer meinem älteren Bruder.   8. Niemand sieht mich außer seiner neuen Freundin.   9. Wohin geht ihr nach dem langen Konzert?   10. Wohin geht ihr nach einer italienischen Oper?

3·7   1. Warum sprecht ihr mit uns?   2. Warum sprecht ihr mit ihm?   3. Warum sprecht ihr mit mir?   4. Warum sprecht ihr mit ihr?   5. Warum sprecht ihr mit ihnen?   6. Erik wohnt nicht weit von íhr.   7. Erik wohnt nicht weit von ihnen.   8. Erik wohnt nicht weit von dir.   9. Erik wohnt nicht weit von euch.   10. Erik wohnt nicht weit von uns.

3·8   1. Wer wohnt euch gegenüber?   2. Wer wohnt Frau Schneider gegenüber?   3. Wer wohnt gegenüber dem Bahnhof?   4. Wer wohnt gegenüber der neuen Schule?   5. Wer wohnt Ihnen gegenüber?   6. Martin und Tina sitzen der Lehrerin gegenüber.   7. Martin und Tina sitzen unseren Gästen gegenüber.   8. Martin und Tina sitzen ihnen gegenüber.   9. Martin und Tina sitzen gegenüber dem Stadtpark.   10. Martin und Tina sitzen mir gegenüber.

3·9   1. mit ihm   2. damit   3. von ihm   4. dadurch   5. danach   6. für sie   7. dafür   8. bei ihm   9. dabei   10. daraus

3·10   1. Kannst du uns helfen?   2. Kannst du ihm helfen?   3. Kannst du diesem alten Mann helfen?   4. Kannst du meinen Eltern helfen?   5. Kannst du jedem neuen Schüler helfen?   6. Warum widerspricht er mir?   7. Warum widerspricht er jener Dame?   8. Warum widerspricht er seinem eigenen Vater?   9. Warum widerspricht er euch?   10. Warum widerspricht er ihr?   11. Sein Tanzen imponiert ihnen nicht.   12. Sein Tanzen imponiert dir nicht.   13. Sein Tanzen imponiert unseren Gästen nicht.   14. Sein Tanzen imponiert seinem jüngeren Bruder.   15. Sein Tanzen imponiert der hübschen Ärztin.

4   Irregular present tense conjugations

4·1   1. ich stelle, du stellst, Sie stellen   2. du heißt, sie heißt, ihr heißt   3. er sucht, wir suchen, sie suchen   4. du setzt, ihr setzt, Sie setzen   5. ich antworte, du antwortest, er antwortet   6. du wartest, wir warten, sie wartet   7. ich ende, du endest, er endet   8. wir heben, ihr hebt, Sie heben   9. du schließt, es schließt, ihr schließt   10. ich klatsche, du klatschst, wer klatscht

4·2   1. Du zerbrichst eine Lampe. Sie zerbricht eine Lampe. Wir zerbrechen eine Lampe. Wer zerbricht eine Lampe?   2. Er isst um acht Uhr. Ihr esst um acht Uhr. Sie essen um acht Uhr.   3. Du hilfst Frau Keller. Er hilft Frau Keller. Ihr helft Frau Keller.   4. Er gibt ihm fünf Euro. Sie gibt ihm fünf Euro. Sie geben ihm fünf Euro.   5. Sprichst du Deutsch oder Englisch? Sprechen Sie du Deutsch oder Englisch? Sprecht ihr du Deutsch oder Englisch?

4·3   1. bricht   2. helfen   3. gibt   4. stirbt   5. vergisst   6. spricht   7. essen   8. gibst   9. nehmt   10. frisst   11. Esst   12. vergessen   13. nehme   14. nimmt   15. gibt

4·4   1. befehle, stehle   2. befiehlst, stiehlst   3. befiehlt, stiehlt   4. befehlen, stehlen   5. befehlt, stehlt   6. befehlen, stehlen   7. befehlen, stehlen   8. befiehlt, stiehlt

4·5   1. Siehst   2. liest   3. geschieht   4. befehlen   5. Empfehlt   6. sieht   7. geschieht   8. stehlen   9. sehe   10. Empfiehlst

4·6   1. backe, falle   2. bäckst, fällst   3. bäckt, fällt   4. backen, fallen   5. backt, fallt   6. backen, fallen   7. backen, fallen   8. bäckt, fällt   9. laufe, trage   10. läufst, trägst   11. läuft, trägt   12. laufen, tragen   13. lauft, tragt   14. laufen, tragen   15. laufen, tragen   16. läuft, trägt

4·7   1. wachsen   2. wäscht   3. schlägst   4. schlafen   5. lasst   6. hält   7. Fängst   8. stößt   9. trägt   10. fahren

4·8   1. Unser Lehrer hat eine neue Freundin.   2. Wir haben kein Geld.   3. Ihr habt keine Zeit.   4. Ich habe keinen braunen Hut.   5. Du hast meinen Bleistift.   6. Der Mann ist Deutscher.   7. Du bist kein Arzt.   8. Ihr seid sehr klug.   9. Sie ist unsere jüngere Tochter.   10. Diese Frauen sind Touristinnen.   11. Ich werde krank.   12. Das Wetter wird ziemlich schlecht.   13. Meine Tante wird Krankenschwester.   14. Diese Männer werden Mechaniker.   15. Du wirst zu faul.

5   Genitive case

5·1   1. des Arztes   2. dieser Dame   3. meiner Freundinnen   4. jenes Richters   5. welcher Schülerin   6. einer Kerze   7. solcher Leute   8. eines Bootes   9. des Rathauses

5·2   1. Er will den Wagen eines Freundes kaufen.   2. Er will das Fahrrad dieser Kinder kaufen.   3. Er will den Hut eines Generals kaufen.   4. Er will die Bücher jener Lehrerin kaufen.   5. Er will den Regenschirm meines Onkels kaufen.   6. Er will die Blumen dieses Mädchens kaufen.   7. Er will die Katze dieser Mädchen kaufen.   8. Er will den Ring seiner Freundin kaufen.   9. Er will die Schuhe eines Tänzers kaufen.   10. Er will den Spiegel ihres Großvaters kaufen.

5·3   1. alten   2. jüngeren   3. neuen   4. deutschen   5. großen   6. älteren   7. jungen   8. amerikanischen   9. russischen   10. ersten

5·4   1. Wo ist das Spielzeug der jüngeren Kinder?   2. Wo sind die Bücher des neuen Schülers?   3. Wo ist das Hotel meiner ausländischen Gäste?   4. Wo ist das Rathaus dieses kleinen Dorfes?   5. Wo sind die Schuhe der hübschen Tänzerin?   6. Die Schwestern meiner neuen Frau fahren nach Frankreich.   7. Der Chef Ihres jüngeren Bruders fährt nach Brüssel.   8. Die Wirtin deiner kranken Mutter fährt nach München.   9. Der Sohn der jungen Ärztin fährt nach Heidelberg.   10. Der Freund des hübschen Mädchens fährt nach Österreich.   11. Sehen Sie den Freund meines älteren Bruders?   12. Sehen Sie das Haus des reichen Richters?   13. Sehen Sie die Tante ihrer ausländischen Verwandten?   14. Sehen Sie das Fahrrad unserer jüngeren Tochter?   15. Sehen Sie die Kleider dieser hübschen Tänzerinnen?

5·5   *Sample answers are provided.*   1. des letzten Krieges   2. der verdorbenen Milch   3. ihrer langen Krankheit   4. einer zweiten E-Mail   5. meines hohen Fiebers   6. des heißen Sommers   7. des schrecklichen Gewitters   8. meines jüngeren Cousins   9. unserer nächsten Europareise   10. der langen Parade   11. seiner weißen Haare   12. eines silbernen Rings   13. eines unerwarteten Schneesturms   14. der letzten Hitzewelle   15. des kalten Wetters

6   Dative-accusative prepositions

6·1   1. diesem Tisch   2. einer alten Decke   3. dem warmen Ofen   4. der Tür   5. den kleinen Fenstern   6. unserem Tor   7. in dem / im kalten Keller   8. meiner Garage   9. einem anderen Zimmer   10. einer Bäckerei   11. der neuen Bank   12. dem Einkaufszentrum   13. jenem Fernsehturm   14. diesen großen Bäumen   15. den Bergen

6·2   *Sample answers are provided.*   1. Warum willst du auf dem Boden schlafen? Warum willst du auf meinem Bett schlafen?   2. Hinter der Kirche wohnt eine alte Frau. Hinter unserer Schule wohnt eine alte Frau.   3. Eine Schauspielerin steht zwischen den Tänzerinnen. Eine Schauspielerin steht zwischen meinen Brüdern.   4. Sabine bleibt an der Tür stehen. Sabine bleibt an der langen Mauer stehen.   5. Erik will neben seinem Cousin sitzen. Erik will neben dieser Frau sitzen.   6. Unsere Eltern kauften ein Haus in den Bergen. Unsere Eltern kauften ein Haus in einer kleinen Stadt.   7. Ein großes Bild hängt über dem alten Klavier. Ein großes Bild hängt über meinem Schreibtisch.   8. Der kleine Hund liegt unter meinem Bett. Der kleine Hund liegt unter dem Esstisch.   9. Warum steht der Polizist vor unserer Tür? Warum steht der Polizist vor dem Eingang?   10. Eine neue Stehlampe steht neben dem Bücherschrank. Eine neue Stehlampe steht neben dem neuen Fernsehapparat.

6·3   1. Er geht zwei Schritte vor ihm.   2. Der Hund erkennt die Frau daran.   3. Hier sind wir endlich wieder unter ihnen.   4. Warum stehst du davor?   5. Die Kinder fürchten sich davor.   6. Sie irren sich in ihnen.   7. Jemand steht dahinter.   8. Man soll sich davor schützen.   9. Die Jungen warten neben ihr.

10. Er schläft dazwischen.   11. Worunter spielen die Kinder?   12. Auf wen ist der Mann sehr eifersüchtig?   13. Wovor steigen die Touristen aus?   14. Worüber hängt ein großes Bild?   15. Worin verbirgt sich die Katze?

6·4   1. Jetzt fahren wir in die Berge.   2. Jetzt fahren wir in einen langen Tunnel.   3. Jetzt fahren wir in die neue Garage.   4. Sie hängt einen Spiegel über den Esstisch.   5. Sie hängt einen Spiegel über mein Bett.   6. Sie hängt einen Spiegel über den Bücherschrank.   7. Was stecktest du in deine Tasche?   8. Was stecktest du in ihre Handschuhe?   9. Was stecktest du in deinen Mund?   10. Der Bus fährt bis vor den neuen Bahnhof.   11. Der Bus fährt bis vor das neue Einkaufszentrum.   12. Der Bus fährt bis vor unsere Schule.   13. Herr Keller stellte den Korb hinter die Tür.   14. Herr Keller stellte den Korb hinter den alten Esstisch.   15. Herr Keller stellte den Korb hinter den großen Bücherschrank.

6·5   *Sample answers are provided.*   1. Warum laufen die Jungen an das Tor?   2. Erik legt das Buch auf seinen Schreibtisch.   3. Mein Vater fährt den Wagen hinter die Mauer.   4. Ich stellte die Bücher in den Bücherschrank.   5. Die neue Studentin setzt sich neben ihren neuen Professor.   6. Tina hängt einen Spiegel über das Klavier.   7. Der Hund kriecht unter den langen Esstisch.   8. Eine Straßenbahn fährt bis vor das Einkaufszentrum.   9. Sie stellt eine Stehlampe zwischen das Sofa und den Fernsehapparat.   10. Der Junge steckte einen Bleistift in seine Tasche.

6·6   1. Worin schläft eine Katze? Wo schläft eine Katze?   2. Vor wem steht der Junge?   3. Zwischen wem will das Kind sitzen?   4. Worunter kriecht eine Maus? Wohin kriecht eine Maus?   5. Worin stellt sie die Milch? Wohin stellt sie die Milch?   6. Worüber hängt ein Poster? Wo hängt ein Poster?   7. An wen schreibt sie einen Brief?   8. Woran steht sein Moped? Wo steht sein Moped?   9. Sie fahren ihre Fahrräder (*bicycles*) hinter das Haus. Wohinter fahren sie ihre Fahrräder? Wohin fahren sie ihre Fahrräder?   10. Worin essen alle? Wo essen alle?

6·7   1. b   2. c   3. d   4. b   5. a   6. c   7. b   8. b   9. d   10. a   11. c   12. b   13. d   14. b   15. a

7 Reflexive pronouns and plurals

7·1   1. sich   2. sich   3. mich   4. sich   5. uns   6. sich   7. euch   8. sich   9. mir   10. sich   11. sich   12. dir   13. sich   14. sich   15. mir

7·2   1. Sabine ärgerte sich. Sie ärgerten sich. Ich ärgerte mich.   2. Er verbirgt sich hinter der Tür. Du verbirgst dich hinter der Tür. Sie verbergen sich hinter der Tür.   3. Wer bestellt sich ein Glas Bier? Ich bestelle mir ein Glas Bier. Wir bestellen uns ein Glas Bier.   4. Ihr wollt euch helfen. Sie will sich helfen. Er will sich helfen.   5. Frau Keller kann sich diesen Fehler nicht verzeihen. Du kannst dir diesen Fehler nicht verzeihen. Ich kann mir diesen Fehler nicht verzeihen.   6. Die Kinder ärgerten sich. Wir ärgerten uns. Ihr ärgertet euch.   7. Der Arzt fragt sich warum. Ich frage mich warum. Sie fragen sich warum.   8. Die Kinder bedienen ihre Eltern. Wir bedienen uns. Er bedient sich.   9. Martin wäscht sich. Du wäschst dich. Sie waschen sich.   10. Braucht ihr diese Bücher für euch? Braucht sie diese Bücher für sich? Brauchen Sie diese Bücher für sich?

7·3   1. die Ärzte   2. die Wagen   3. die Brüder   4. die Äpfel   5. die Könige   6. die Tische   7. die Läden   8. die Väter   9. die Hammer   10. die Handschuhe

7·4   1. die Übungen   2. die Bäckereien   3. die Wände   4. die Zeitungen   5. die Eulen   6. die Wirtschaften   7. die Tanten   8. die Schwestern   9. die Hände   10. die Einheiten

7·5   1. die Bücher   2. die Dörfer   3. die Studien   4. die Fahrräder   5. die Röslein   6. die Dächer   7. die Schimpfwörter   8. die Häuschen   9. die Daten   10. die Täler

7·6   1. die Spiegel   2. die Fußballspiele   3. die Lampen   4. die Töchter   5. die Kuchen   6. die Küchen   7. die Lehrbücher   8. die Flüsse   9. die Regeln   10. die Gesetze   11. die Regierungen   12. die Böden   13. die Museen   14. die Schulen   15. die Zöpfchen

7·7   1. Die Lehrerinnen sprechen mit den Schülern.   2. Meine Tanten wohnen in den kleinen Dörfern.   3. Sind die neuen Kaufhäuser weit von hier?   4. Seine Schwestern kauften sich die neuen Romane.   5. Die Kinder verstehen die Wörter nicht.   6. Haben die Matrosen die Fahrräder?   7. Sind diese Übungen leicht?   8. Die großen Universitäten sind in den Städten.   9. Die Kissen liegen auf den Sofas.   10. Die jungen Ausländer kennen diese Männer.   11. Stehen die Bäume neben den Türen?   12. Die Männer kaufen die schönen Teppiche.   13. Sind die Autos wieder kaputt?   14. Ihre Brüder sehen ihre Söhne spielen.   15. Die Studentinnen haben keine Schreibtische.

8 Prefixes

1. Du bekommst ein paar Briefe. 2. Sie bekommt ein paar Briefe. 3. Wir bekommen ein paar Briefe. 4. Ihr bekommt ein paar Briefe. 5. Das Buch gehört einem Soldaten. 6. Sie gehören einem Soldaten. 7. Sie gehört einem Soldaten. 8. Diese Stiefel gehören einem Soldaten. 9. Ich erfahre etwas Wichtiges. 10. Du erfährst etwas Wichtiges. 11. Er erfährt etwas Wichtiges. 12. Ihr erfahrt etwas Wichtiges. 13. Empfiehlst du dieses Restaurant? 14. Empfehlt ihr dieses Restaurant? 15. Empfiehlt Herr Benz dieses Restaurant? 16. Empfiehlt sie dieses Restaurant? 17. Warum zerstören die Soldaten die alte Kirche? 18. Warum zerstört er die alte Kirche? 19. Warum zerstören die Männer die alte Kirche? 20. Warum zerstören wir die alte Kirche?

1. Du machst das Fenster zu. 2. Sie macht das Fenster zu. 3. Wir machen das Fenster zu. 4. Ihr macht das Fenster zu. 5. Sie bringen einen Freund mit. 6. Wir bringen einen Freund mit. 7. Der Arzt bringt einen Freund mit. 8. Die Ärzte bringen einen Freund mit. 9. Seine Töchter sehen sehr hübsch aus. 10. Diese junge Dame sieht sehr hübsch aus. 11. Ihr seht sehr hübsch aus. 12. Du siehst sehr hübsch aus. 13. Ich fahre morgen zurück. 14. Du fährst morgen zurück. 15. Sie fahren morgen zurück. 16. Niemand fährt morgen zurück. 17. Er läuft weg. 18. Die Katze läuft weg. 19. Der Dieb läuft weg. 20. Die Soldaten laufen weg.

Sample answers are provided. 1. Die Kinder stehen um sieben Uhr auf. 2. Warum machst du die Fenster auf? 3. Die Schüler hören aufmerksam zu. 4. Meine kleine Schwester schläft früh ein. 5. Die Touristen steigen am Marktplatz aus. 6. Niemand macht die Tür zu. 7. Herr Schiller zieht einen neuen Anzug an. 8. Seine Freundin ruft ihn jeden Tag an. 9. Die Sportler kommen langsam und müde zurück. 10. Der Bus fährt pünktlich ab. 11. Viele Reisende steigen am Hauptbahnhof um. 12. Erik zieht sich im Umkleideraum aus. 13. Er setzt sich daneben hin. 14. Du schickst das Paket weiter. 15. Kommt deine Familie nach?

	1. beschreiben	2. anschreiben
ich	beschreibe	schreibe an
du	beschreibst	schreibst an
er	beschreibt	schreibt an
wir	beschreiben	schreiben an
ihr	beschreibt	schreibt an
Sie	beschreiben	schreiben an
sie *pl.*	beschreiben	schreiben an
man	beschreibt	schreibt an

	3. sich ergeben	4. ausgeben
ich	ergebe mich	gebe aus
du	ergibst dich	gibst aus
er	ergibt sich	gibt aus
wir	ergeben uns	geben aus
ihr	ergebt euch	gebt aus
Sie	ergeben sich	geben aus
sie *pl.*	ergeben sich	geben aus
man	ergibt sich	gibt aus

	5. erschlagen	6. vorschlagen
ich	erschlage	schlage vor
du	erschlägst	schlägst vor
er	erschlägt	schlägt vor
wir	erschlagen	schlagen vor
ihr	erschlagt	schlagt vor
Sie	erschlagen	schlagen vor
sie *pl.*	erschlagen	schlagen vor
man	erschlägt	schlägt vor

Sample answers are provided. 1. Mein Bruder steht um sechs Uhr auf. 2. Das Rathaus befindet sich in dieser Straße. 3. Wir wachen sehr früh auf. 4. Ich empfange sie mit gelben Rosen. 5. Die Studenten erlernen zwei Sprachen. 6. Meine Tante besucht mich in der Stadt. 7. Die Mädchen ziehen sich schnell um. 8. Die Ausländer besichtigen die Altstadt. 9. Der Studienrat ruft meine Eltern an. 10. Der Lehrer benutzt die Tafel. 11. Die alten Mauern zerfallen zu Staub. 12. Die kleinen Schülerinnen erröten vor Scham.

13. Niemand lädt die neue Studentin ein.   14. Warum bricht die neue Brücke zusammen?   15. Wir kaufen beim Bäcker ein.

<table>
<tr><td>8·6</td><td></td><td>1. übertreiben</td><td>2. zurückgeben</td></tr>
<tr><td></td><td>ich</td><td>übertreibe</td><td>gebe zurück</td></tr>
<tr><td></td><td>er</td><td>übertreibt</td><td>gibt wieder</td></tr>
<tr><td></td><td>wir</td><td>übertreiben</td><td>geben wieder</td></tr>
<tr><td></td><td></td><td>3. durchdríngen</td><td>4. wíderrufen</td></tr>
<tr><td></td><td>ich</td><td>durchdringe</td><td>rufe wider</td></tr>
<tr><td></td><td>er</td><td>durchdringt</td><td>ruft wider</td></tr>
<tr><td></td><td>wir</td><td>durchdringen</td><td>rufen wider</td></tr>
<tr><td></td><td></td><td>5. vólltanken</td><td>6. únterkommen</td></tr>
<tr><td></td><td>ich</td><td>tanke voll</td><td>komme unter</td></tr>
<tr><td></td><td>er</td><td>tankt voll</td><td>kommt unter</td></tr>
<tr><td></td><td>wir</td><td>tanken voll</td><td>kommen unter</td></tr>
<tr><td></td><td></td><td>7. wiederhólen</td><td>8. dúrchfallen</td></tr>
<tr><td></td><td>ich</td><td>wiederhole</td><td>falle durch</td></tr>
<tr><td></td><td>er</td><td>wiederholt</td><td>fällt durch</td></tr>
<tr><td></td><td>wir</td><td>wiederholen</td><td>fallen durch</td></tr>
</table>

9 Irregular past tense conjugations

<table>
<tr><td>9·1</td><td></td><td>1. beschreiben/beschrieb</td><td>2. tun/tat</td></tr>
<tr><td></td><td>ich</td><td>beschrieb</td><td>tat</td></tr>
<tr><td></td><td>du</td><td>beschriebst</td><td>tatest</td></tr>
<tr><td></td><td>er</td><td>beschrieb</td><td>tat</td></tr>
<tr><td></td><td>wir</td><td>beschrieben</td><td>taten</td></tr>
<tr><td></td><td>ihr</td><td>beschriebt</td><td>tatet</td></tr>
<tr><td></td><td>Sie</td><td>beschrieben</td><td>taten</td></tr>
<tr><td></td><td>sie pl.</td><td>beschrieben</td><td>taten</td></tr>
<tr><td></td><td>man</td><td>beschrieb</td><td>tat</td></tr>
<tr><td></td><td></td><td>3. fliegen/flog</td><td>4. verstehen/verstand</td></tr>
<tr><td></td><td>ich</td><td>flog</td><td>verstand</td></tr>
<tr><td></td><td>du</td><td>flogst</td><td>verstandest</td></tr>
<tr><td></td><td>er</td><td>flog</td><td>verstand</td></tr>
<tr><td></td><td>wir</td><td>flogen</td><td>verstanden</td></tr>
<tr><td></td><td>ihr</td><td>flogt</td><td>verstandet</td></tr>
<tr><td></td><td>Sie</td><td>flogen</td><td>verstanden</td></tr>
<tr><td></td><td>sie pl.</td><td>flogen</td><td>verstanden</td></tr>
<tr><td></td><td>man</td><td>flog</td><td>verstand</td></tr>
</table>

9·2   1. Du hattest ihre Tasche.   2. Sie hatte ihre Tasche.   3. Wir hatten ihre Tasche.   4. Ihr hattet ihre Tasche.   5. Wir waren in der Schweiz.   6. Sie war in der Schweiz.   7. Die Ausländer waren in der Schweiz.   8. Seine Verwandten waren in der Schweiz.   9. Wurdest du Lehrer?   10. Wurden sie Lehrer?   11. Wurden Sie Lehrer?   12. Wurde dein Sohn Lehrer?   13. Niemand hatte genug Geld.   14. Ihr wart den ganzen Tag in der Stadt.   15. Du wurdest sehr krank.

9·3   1. Martin trank keine Milch.   2. Das Kind sah sehr süß aus.   3. Lieft ihr zum Stadtpark?   4. Ich war sehr müde.   5. Er verkaufte sein Fahrrad.   6. Sabine bekam ein paar Nelken von Erik.   7. Der junge Mann stieg am Marktplatz aus.   8. Er befand sich in einer Großstadt.   9. Aßen Sie gern Rotkohl?   10. Der Ausländer sprach sehr langsam.   11. Meine Kinder lernten Deutsch.   12. Wir wohnten bei unseren Großeltern.   13. Professor Benz rief meinen Sohn an.   14. Wir blieben eine Woche in Berlin.   15. Warum schlugst du das arme Pferd?   16. Felix wusch sich die Hände.   17. Es wurde wieder kalt.   18. Gingen die Soldaten nach Hause?   19. Brauchten Sie ein Hemd?   20. Der Sportler brach sich den Finger.   21. Erik warf mir den Ball zu.   22. Ich roch die schönen Rosen.   23. Sie schloss nur ein Fenster.   24. Warum saßen deine Eltern in der Küche?   25. Mein Wörterbuch fiel in den Schmutz.   26. Hattet ihr keine Zeit?   27. Es geschah ihm nichts.   28. Stefan bat um den nächsten Tanz.   29. Viele Touristen flogen nach Europa.   30. Erik nahm das Buch unter den Arm.

10 The perfect tenses

1. Wir haben gelacht.   2. Ich habe gefragt.   3. Er hat gelernt.   4. Du hast gekauft.   5. Ihr habt gebraucht.   6. Man hat gewartet.   7. Sie hat geöffnet.   8. Sie haben gewettet.   9. Es hat geregnet.   10. Ich habe gestellt.   11. Er hat gesetzt.   12. Wir haben gemalt.   13. Sie hat geliebt.   14. Ihr habt studiert.   15. Du hast geküsst.

10·2   1. Du hast zu viel verlangt.   2. Diese Studentin hat drei Fremdsprachen erlernt.   3. Das hat mein Ohr beleidigt.   4. Warum hat er das Glas zerschmettert?   5. Der Fotograf hat den Film entwickelt.   6. Meine Frau hat sich langsam an das neue Haus gewöhnt.   7. Herr Keller hat im Voraus bezahlt.   8. Das Mädchen hat etwas Wichtiges erfahren.   9. Ich habe dem Mann nicht vertraut.   10. Wir haben uns erst einmal entspannt

10·3   1. Sie hat ihm die neuesten Nachrichten mitgeteilt.   2. Ich habe mich schnell umgedreht.   3. Sabine hat ihren neuen Freund vorgestellt.   4. Er hat dem Redner nicht zugehört.   5. Warum haben Sie das Fenster aufgemacht?   6. Der Soldat hat meinen Befehl aufgeführt.   7. Wir haben die Suppe aufgewärmt.   8. Ina hat eine grüne Bluse angehabt.   9. Die Firma hat vier Arbeiter eingestellt.   10. Wir haben da nicht durchgeblickt.

10·4   1. Er hat laut gesprochen. Er hatte laut gesprochen.   2. Wir haben ihr den Ball zugeworfen. Wir hatten ihr den Ball zugeworfen.   3. Ich habe die Berge beschrieben. Ich hatte die Berge beschrieben.   4. Hast du eine Ansichtskarte bekommen? Hattest du eine Ansichtskarte bekommen?   5. Mein Bruder hat seinen Pass vergessen. Mein Bruder hatte seinen Pass vergessen.   6. Dieses harte Brot habe ich nicht vertragen. Dieses harte Brot hatte ich nicht vertragen.   7. Hast du die Tür geschlossen? Hattest du die Tür geschlossen?   8. Meine Eltern haben im Wohnzimmer gesessen. Meine Eltern hatten im Wohnzimmer gesessen.   9. Hat sie sich das Bein gebrochen? Hatte sie sich das Bein gebrochen?   10. Wann habt ihr Wäsche gewaschen? Wann hattet ihr Wäsche gewaschen?   11. Ich habe die Zeitung gelesen. Ich hatte die Zeitung gelesen.   12. Das Kind hat müde die Augen geschlossen. Das Kind hatte müde die Augen geschlossen.   13. Sabine hat sich das Kleid ausgezogen. Sabine hatte sich das Kleid ausgezogen.   14. Hat der Mann ein Verbrechen begangen? Hatte der Mann ein Verbrechen begangen?   15. Ich habe wieder die Zeit totgeschlagen. Ich hatte wieder die Zeit totgeschlagen.

10·5

	1. sterben	2. reisen
ich	bin gestorben	bin gereist
du	bist gestorben	bist gereist
er	ist gestorben	ist gereist
wir	sind gestorben	sind gereist
	3. abfahren	4. entfliehen
ich	bin abgefahren	bin entflohen
sie *s.*	ist abgefahren	ist entflohen
ihr	seid abgefahren	seid entflohen
Sie	sind abgefahren	sind entflohen
	5. weggehen	6. mitkommen
du	bist weggegangen	bist mitgekommen
er	ist weggegangen	ist mitgekommen
wir	sind weggegangen	sind mitgekommen
sie	sind weggegangen	sind mitgekommen
	7. zurücklaufen	8. fortreisen
ich	bin zurückgelaufen	bin fortgereist
du	bist zurückgelaufen	bist fortgereist
er	ist zurückgelaufen	ist fortgereist
man	ist zurückgelaufen	ist fortgereist
	9. aussteigen	10. umkommen
ich	bin ausgestiegen	bin umgekommen
wir	sind ausgestiegen	sind umgekommen
ihr	seid ausgestiegen	seid umgekommen
man	ist ausgestiegen	ist umgekommen

10·6   1. Er hat ein Glas Bier bestellt. Er hatte ein Glas Bier bestellt.   2. Bist du ins Kino gegangen? Warst du ins Kino gegangen?   3. Thomas ist in der Hauptstadt geblieben. Thomas war in der Hauptstadt geblieben.   4. Ich habe alle Fenster aufgemacht. Ich hatte alle Fenster aufgemacht.   5. Die Studenten haben das Examen diskutiert. Die Studenten hatten das Examen diskutiert.   6. Meine Tochter hat ein Problem gehabt. Meine Tochter hatte ein Problem gehabt.   7. Die Jungen sind um sieben Uhr aufgestanden. Die Jungen waren um sieben Uhr aufgestanden.   8. Sind Sie krank gewesen? Waren Sie krank gewesen?   9. Das Wetter ist immer schlechter geworden. Das Wetter war immer schlechter geworden.   10. Warum ist diese Sorte ausgestorben? Warum war diese Sorte ausgestorben?   11. Der Zug ist um halb neun gekommen. Der Zug war um halb neun gekommen.   12. Wir sind am Marktplatz ausgestiegen. Wir waren am Marktplatz ausgestiegen.   13. Martin hat sich umgezogen. Martin hatte sich umgezogen.   14. Der Tourist hat die schönen Berge beschrieben. Der Tourist hatte die schönen Berge beschrieben.   15. Der Junge ist zur Schule gelaufen. Der Junge war zur Schule gelaufen.

11 Modal auxiliaries and double infinitives

11·1   1. Sie kann Deutsch und Italienisch sprechen.   2. Sie will Deutsch und Italienisch sprechen.   3. Ich muss den ganzen Tag zu Hause bleiben.   4. Ich soll den ganzen Tag zu Hause bleiben.   5. Meine Schwester darf nicht mitkommen.   6. Meine Schwester will nicht mitkommen.   7. Kannst du ihm einen Brief schreiben?   8. Musst du ihm einen Brief schreiben?   9. Was mag sie zu ihrem Essen essen?   10. Was will sie zu ihrem Essen essen?

11·2   1. Present: er will Past: er wollte Present perfect: er hat gewollt   2. Present: wir müssen Past: wir mussten Present perfect: wir haben gemusst   3. Present: ihr sollt Past: ihr solltet Present perfect: ihr habt gesollt   4. Present: er kann Past: sie konnten Present perfect: ich habe gekonnt   5. Present: sie mag Past: du mochtest Present perfect: wir haben gemocht   6. Present: er darf Past: ich durfte Present perfect: du hast gedurft

11·3   1. Die Frau hat die Kinder warnen wollen.   2. Der Ausländer hat den Brief nicht lesen können.   3. Das hat man nicht in der Kirche machen dürfen.   4. Sie haben die Sätze übersetzen müssen.   5. Sie haben uns nicht mit dem Tabakrauch belästigen sollen.   6. Der alte Mann hat die Reise nicht machen dürfen.   7. Ich habe die Hunde wegjagen müssen.   8. Er hat keine Bücher lesen mögen.   9. Wir haben jeden Tag Fußball spielen wollen.   10. Die Studenten haben die Bibliothek benutzen dürfen.   11. Du hast fleißiger arbeiten sollen.   12. Diese Jungen haben nicht schwimmen können.   13. Sie hat sich gut benehmen sollen.   14. Wer hat so etwas machen wollen?   15. Der Professor hat seine Brille nicht finden können.

11·4   1. Wir wollen ins Ausland reisen. Wir wollten ins Ausland reisen.   2. Er kann kein Wort verstehen. Er konnte kein Wort verstehen.   3. Die Jungen müssen im Garten arbeiten. Die Jungen mussten im Garten arbeiten.   4. Ich soll mir die Hände waschen. Ich sollte mir die Hände waschen.   5. Der Mann darf nicht rauchen. Der Mann durfte nicht rauchen.

11·5   1. Wir hören Martin laut schreien.   2. Ich helfe den Kindern Blumen pflanzen.   3. Sie sieht ihre Freunde Tennis spielen.   4. Du hörst das verlorene Kind weinen.   5. Er hilft der jungen Dame die schweren Koffer tragen.   6. Die Wanderer sahen die Vögel über dem Wald fliegen.   7. Ich hörte meine Eltern im Keller flüstern.   8. Niemand half dir den Artikel übersetzen.   9. Du sahst eine Freundin an der Ecke stehen.   10. Wir hörten die Männer streiten.

11·6   1. Past: Ich sah meinen Sohn im Garten arbeiten. Present perfect: Ich habe meinen Sohn im Garten arbeiten sehen. Past perfect: Ich hatte meinen Sohn im Garten arbeiten sehen.   2. Present: Er lässt einen Anzug machen. Present perfect: Er hat einen Anzug machen lassen. Past perfect: Er hatte einen Anzug machen lassen.   3. Present: Wir wollen unseren Nachbarn helfen. Past: Wir wollten unseren Nachbarn helfen. Past perfect: Wir hatten unseren Nachbarn helfen wollen.   4. Present: Niemand kann den Mann verstehen. Past: Niemand konnte den Mann verstehen. Present perfect: Niemand hat den Mann verstehen können.   5. Past: Hörten Sie die Kinder lachen? Present perfect: Haben Sie die Kinder lachen hören? Past perfect: Hatten Sie die Kinder lachen hören?   6. Present: Sie muss ihre Eltern warnen. Present perfect: Sie hat ihre Eltern warnen müssen. Past perfect: Sie hatte ihre Eltern warnen müssen.   7. Present: Wir sehen den Zug in den Bahnhof kommen. Past: Wir sahen den Zug in den Bahnhof kommen. Past perfect: Wir hatten den Zug in den Bahnhof kommen sehen.   8. Present: Wo soll er seinen Bruder erwarten? Past: Wo sollte er seinen Bruder erwarten? Present perfect: Wo hat er seinen Bruder erwarten sollen?   9. Past: Erik ließ sein Fahrrad reparieren. Present perfect: Erik hat sein Fahrrad reparieren lassen. Past perfect: Erik hatte sein Fahrrad reparieren lassen.   10. Present: Dürft ihr die Bücherei benutzen? Present perfect: Habt ihr die Bücherei benutzen dürfen? Past perfect: Hattet ihr die Bücherei benutzen dürfen?

11·7   1. b 2. a 3. d 4. a 5. a 6. a 7. d 8. a 9. a 10. b

12 Negation and imperatives

12·1 1. Sie können heute nicht lange bleiben. 2. Wohnen Sie nicht in Darmstadt? 3. Letzte Woche war sie noch nicht krank. 4. Mein Onkel singt nicht schlecht. 5. Unsere Gäste wollen heute Abend nicht tanzen gehen. 6. Warum beklagst du dich nicht? 7. Der Stuhl steht nicht zwischen dem Schrank und dem Tisch. 8. Soll die Lampe nicht über dem Tisch hängen? 9. Das alte Flugzeug fliegt nicht schnell über die Wolken. 10. Ich trage heute meinen Regenmantel nicht. 11. Der Vogel sitzt nicht auf dem hohen Dach. 12. Gudrun hat ihren kleinen Bruder nicht geschlagen. 13. Er musste mich nicht anrufen. 14. Mozart war nicht sehr musikalisch. 15. Warum hast du diesen Brief nicht zerrissen? 16. Schreiben Sie den Brief nicht an Ihre Tante? 17. Diese Studenten haben nicht fleißig gearbeitet. 18. Sie ist gestern nicht in der Nähe von Hannover gewesen. 19. Hört der Regen nicht auf? 20. Die Jungen sind nicht über die Brücke gelaufen. 21. Viele Studenten haben das Examen nicht bestanden. 22. Im Park sitzen die jungen Leute nicht auf den Bänken. 23. In der Ferne erblickte der Wanderer die Räuber nicht. 24. Wir nehmen nicht an dem Besuch der Oper teil. 25. Mein Großvater kann sich nicht an seine Jugend erinnern.

12·2 *Sample answers are provided.* 1. Wir sind nicht am Montag abgefahren, sondern am Dienstag. 2. Er will nicht das kleine Haus kaufen, sondern das große. 3. Sie fahren nicht heute ins Restaurant, sondern morgen. 4. Er nennt nicht den jungen Mann einen Dieb, sondern den alten Mann. 5. Die Studentin begegnete nicht dem Professor, sondern einem alten Freund. 6. Das alte Lehrbuch nützt nicht dem Studenten, sondern dem Professor. 7. Ich hänge das Bild nicht über das Klavier, sondern über den Spiegel. 8. Der Junge will nicht die neuen Wörter vergessen, sondern das ganze Gedicht. 9. Die Kinder bitten nicht die Mutter um Süßigkeiten, sondern die Großmutter. 10. Ich weiß nicht die Hausnummer, sondern nur die Straße.

12·3 1. In diesem Haus wohnt kein Schauspieler. 2. Hast du keine Prüfung bestanden? 3. Das Mädchen hat keine schöne Bluse verloren. 4. Keine guten Menschen helfen den Armen. 5. Der Uhrmacher zieht keine Uhr auf. 6. Im Schatten verbergen sich keine Diebe. 7. Im März können keine Obstbäume blühen. 8. Wachsen auf dieser tropischen Insel keine Tannen? 9. Dieser Fahrer hat kein Autorennen gewonnen. 10. Die Schülerin lernt keine neuen Wörter und kein Gedicht. 11. An der Straßenecke stand kein Bettler. 12. Auf dem Sportplatz rennen keine Kinder hin und her. 13. Warum reißt du kein Blatt aus dem Buch? 14. Unser Hund hat keinen Fremden gebissen. 15. Unter dem Esstisch schlafen keine Katzen. 16. Diese Sängerin hat wie keine Nachtigall gesungen. 17. Der Erfinder hat keinen neuen Motor erfunden. 18. Ich schreibe keine Ansichtskarten und keinen langen Brief. 19. Er pfeift kein Lied. 20. Sie können keine Kinder zu lernen zwingen. 21. Das Mädchen hat keinen Ball ins Wasser geworfen. 22. Keine Unfälle geschehen täglich. 23. Hast du dem Kellner kein Trinkgeld gegeben ? 24. Der Verkäufer legte keine Waren auf den Tisch. 25. In dieser Straße sind keine großen Geschäfte.

12·4 1. b 2. a 3. c 4. c 5. c 6. d 7. b 8. b 9. a 10. c

12·5 1. Sag(e) es auf Deutsch! Sagt es auf Deutsch! Sagen Sie es auf Deutsch! 2. Empfiehl ein Restaurant! Empfehlt ein Restaurant! Empfehlen Sie ein Restaurant! 3. Bleib(e) in der Hauptstadt! Bleibt in der Hauptstadt! Bleiben Sie in der Hauptstadt! 4. Probier(e) den Kuchen! Probiert den Kuchen! Probieren Sie den Kuchen! 5. Probier(e) den Mantel an! Probiert den Mantel an! Probieren Sie den Mantel an! 6. Fahr(e) nach Hause! Fahrt nach Hause! Fahren Sie nach Hause! 7. Jag(e) den Hund weg! Jagt den Hund weg! Jagen Sie den Hund weg! 8. Sing(e) lauter! Singt lauter! Singen Sie lauter! 9. Zerreiß(e) den Brief! Zerreißt den Brief! Zerreißen Sie den Brief! 10. Sei artig! Seid artig! Seien Sie artig!

13 Word order and the future tense

13·1 1. Die Männer bauen eine Mauer. Die Männer bauten eine Mauer. Die Männer haben eine Mauer gebaut. 2. Ich kann mit ihm sprechen. Ich konnte mit ihm sprechen. Ich habe mit ihm sprechen können. 3. Felix bekommt viele Geschenke. Felix bekam viele Geschenke. Felix hat viele Geschenke bekommen. 4. Die ganze Familie reist in die Schweiz. Die ganze Familie reiste in die Schweiz. Die ganze Familie ist in die Schweiz gereist. 5. Herr Keller lässt den alten VW reparieren. Herr Keller ließ den alten VW reparieren. Herr Keller hat den alten VW reparieren lassen.

13·2 1. Letztes Jahr hat er in der Nähe der Uni gewohnt. Vor einem Monat hat er in der Nähe der Uni gewohnt. 2. In großer Kälte erfrieren die Vögel. Wenn es sehr kalt ist, erfrieren die Vögel. 3. Heute Morgen hat der Chef ihn entlassen. Am Ende des Tages hat der Chef ihn entlassen. 4. Leider kann die Feuerwehr das Feuer nicht löschen. Wegen des starken Windes kann die Feuerwehr das Feuer nicht löschen. 5. Im Herbst fallen die Blätter zur Erde. Wegen der Kälte fallen die Blätter zur Erde. 6. Die ganze Nacht wacht die Frau am Bett des Kranken. Jeden Abend wacht die Frau am Bett des Kranken.   7. Im Frühling werden die Tage wärmer. Wenn der Winter endlich vorbei ist werden die Tage wärmer.   8. Auf dem offenen Meer ist ein Sturm ausgebrochen. Spät in der Nacht ist ein Sturm ausgebrochen.   9. Nach einer langen Fahrt steigen die Touristen an der Haltestelle aus. Weil der Bus kaputt ist, steigen die Touristen an der Haltestelle aus.   10. In den Ferien wollen wir eine Woche an der Ostsee bleiben. Wenn wir Norddeutschland besuchen, wollen wir eine Woche an der Ostsee bleiben.

13·3   *Sample answers are provided.*   1. Trinken deine Eltern oft Wein?   2. Hören Sie die Kinder singen?   3. Arbeitet Frau Schneider bei der Bank?   4. Hat dein Vater wieder schlecht geschlafen?   5. Werdet ihr ins Ausland reisen?   6. Wiederholte der Schüler den langen Satz?   7. Hält die Straßenbahn vor dem Bahnhof?   8. Hat sie alle Wörter vergessen?   9. Müsst ihr alle Fragen beantworten?   10. Wachsen in Ihrem Garten Rosen und Nelken?

13·4   *Sample answers are provided.*   1. Wie lange werdet ihr in Berlin bleiben?   2. Wie alt ist Ihre Schwester?   3. Fliegen Sie nach Norwegen oder Schweden?   4. Wessen Großvater ist das?   5. Um wie viel Uhr steht ihr auf?   6. Was haben die Jungen verkauft?   7. Mit wem spricht der Lehrer?   8. Womit spielen die kleinen Katzen?   9. Wie singt der Bariton?   10. Wann kannst du uns besuchen?

13·5   *Sample answers are provided.*   1. Ich habe ein neues Fahrrad, aber Felix hat ein altes Fahrrad.   2. Meine Cousine wohnt in Bayern, aber ihre Eltern wohnen in Kiel.   3. Peter mag kaltes Wetter, denn er geht oft Ski laufen.   4. Wir werden bis morgen warten, denn es regnet.   5. Sollen wir ins Theater gehen, oder sollen wir zu Hause bleiben?   6. Du kannst dich im Keller waschen, oder du kannst dich im Badezimmer waschen.   7. Ich höre nicht gern Radio, sondern ich sehe lieber fern.   8. Er möchte keinen Kuchen essen, sondern ich möchte ein bisschen Eis essen.   9. Tina deckt den Tisch, und Erik macht die Küche sauber.   10. Im Juni fliegen wir nach New York, und im Juli sind wir wieder in Deutschland.

13·6   *Sample answers are provided.*   1. ich in einem Dorf wohnte   2. der Mann betrunken war   3. ich etwas bestelle   4. wir starke Männer sind   5. ich das Museum besuchte   6. Professor Benz frei ist   7. alle Schüler die Prüfung bestanden haben   8. er in London wohnt   9. die Wellen zu hoch sind   10. seine Frau einkaufen geht

13·7   1. Nächste Woche helfen die Jungen uns im Garten. Nächste Woche werden die Jungen uns im Garten helfen.   2. Nächste Woche erklärt die Lehrerin das Problem. Nächste Woche wird die Lehrerin das Problem erklären.   3. Nächste Woche kaufen sie ein Haus im Vorort. Nächste Woche werden sie ein Haus im Vorort kaufen.   4. Nächste Woche reiten die Reiter in den Wald. Nächste Woche werden die Reiter in den Wald reiten.   5. Nächste Woche geht er täglich spazieren. Nächste Woche wird er täglich spazieren gehen.   6. Nächstes Jahr baut die Stadt hier einen Wolkenkratzer. Nächstes Jahr wird die Stadt hier einen Wolkenkratzer bauen.   7. Nächstes Jahr schreibt der Schriftsteller einen neuen Roman. Nächstes Jahr wird der Schriftsteller einen neuen Roman schreiben.   8. Nächstes Jahr ziehen wir nach München. Nächstes Jahr werden wir nach München ziehen.   9. Nächstes Jahr besucht Erik ein Gymnasium. Nächstes Jahr wird Erik ein Gymnasium besuchen.   10. Nächstes Jahr wird er wieder gesund. Nächstes Jahr wird er wieder gesund werden.

13·8   1. Past: Tina konnte schnell tippen. Present perfect: Tina hat schnell tippen können. Future: Tina wird schnell tippen können.   2. Past: Wann kamst du wieder nach Hause? Present perfect: Wann bist du wieder nach Hause gekommen? Future: Wann wirst du wieder nach Hause kommen?   3. Past: Peter musste einen Kuchen backen. Present perfect: Peter hat einen Kuchen backen müssen. Future: Peter wird einen Kuchen backen müssen.   4. Past: Ich gab ihr ein paar Rosen. Present perfect: Ich habe ihr ein paar Rosen gegeben. Future: Ich werde ihr ein paar Rosen geben.   5. Past: Felix wollte mit Sonja tanzen. Present perfect: Felix hat mit Sonja tanzen wollen. Future: Felix wird mit Sonja tanzen wollen.   6. Past: Wieder hörten wir den Mann schreien. Present perfect: Wieder haben wir den Mann schreien hören. Future: Wieder werden wir den Mann schreien hören.   7. Past: Der Boxer gewann den Kampf. Present perfect: Der Boxer hat den Kampf gewonnen. Future: Der Boxer wird den Kampf gewinnen.   8. Past: Niemand sah ihn das Buch stehlen. Present perfect: Niemand hat ihn das Buch stehlen sehen. Future: Niemand wird ihn das Buch stehlen sehen.   9. Past: Viele Unfälle geschahen hier. Present perfect: Viele Unfälle sind hier geschehen. Future: Viele Unfälle werden hier geschehen.   10. Past: Wir halfen ihr die Briefe schreiben. Present perfect: Wir haben ihr die Briefe schreiben helfen. Future: Wir werden ihr die Briefe schreiben helfen.   11. Past: Wir durften nicht im Wald wandern. Present perfect: Wir haben nicht im Wald wandern dürfen. Future: Wir werden nicht im Wald wandern dürfen.   12. Past: Man musste vorsichtig sein. Present perfect: Man hat vorsichtig sein müssen. Future: Man wird vorsichtig sein müssen.   13. Past: Warst du wieder in Heidelberg? Present perfect: Bist du wieder in Heidelberg gewesen? Future: Wirst du wieder in Heidelberg sein?   14. Past: Ich hatte leider keine Zeit. Present perfect: Ich habe leider keine Zeit gehabt.

Future: Ich werde leider keine Zeit haben.   15. Past: Wo ließen Sie Ihre Uhr reparieren? Present perfect: Wo haben Sie Ihre Uhr reparieren lassen? Future: Wo werden Sie Ihre Uhr reparieren lassen?

14 Comparative adjectives and adverbs

14·1   1. schlechter   2. neuer   3. langweiliger   4. intelligenter   5. reicher   6. weiter   7. schneller   8. langsamer   9. heller   10. wahnsinniger

14·2   1. mit dem schöneren Mädchen   2. sein kleinerer Bruder   3. die heißeren Tage   4. bei schlechterem Wetter   5. in der kühleren Nacht   6. ein intelligenterer Mann   7. diese interessanteren Bücher   8. die helleren Lichter   9. ein tieferer Fluss   10. mit einem schnelleren Zug

14·3   1. Herr Benz ist netter als Herr Keller.   2. Er ist klüger als sein Cousin.   3. Diese Dame ist reicher als meine Tante.   4. Sabine ist jünger als ich.   5. Hier ist es kälter als im Keller.   6. Das Wohnzimmer ist länger als das Esszimmer.   7. Der Sportler ist stärker als der Lehrer.   8. Dein Aufsatz ist langweiliger als mein Aufsatz.   9. Erik ist nicht dümmer als Thomas.   10. Diese Frau ist ärmer als jene Frau.

14·4   *Sample answers are provided.*   1. Asien ist ein größerer Erdteil als Amerika.   2. Ein Elefant ist ein stärkeres Tier als ein Wolf.   3. Bach ist ein wichtigerer Komponist als Strauß.   4. In der Wohnung ist es wärmer als im Keller.   5. Dieser Wolkenkratzer ist ein höheres Gebäude als das Rathaus.   6. Ein Flugzeug ist ein schnelleres Luftfahrzeug als ein Zeppelin.   7. Ein Mercedes ist ein besseres Auto als ein Volkswagen.   8. Der Rhein ist näher als die Wolga.   9. Eine Reise nach Bonn ist eine billigere Reise als eine Reise nach Mexiko.   10. Rot ist eine schönere Farbe als schwarz.

14·5   1. Ich lese schneller als mein jüngerer Bruder.   2. Meine Freunde steigen höher als eure Gäste.   3. Der kleine Hund bellt lauter als der große Hund.   4. Die Franzosen wandern weiter als die anderen Reisenden.   5. Im Winter schneit es mehr als im Herbst.   6. Niemand tanzt besser als meine Freundin.   7. Die neuen Arbeiter arbeiten mehr als die älteren Männer.   8. Mein Vater raucht weniger als mein Bruder.   9. Der Zug fährt schneller als das Auto.   10. Karin taucht tiefer als Felix.   11. In Wien regnet es weniger als in Hamburg.   12. Felix lernt fleißiger als Rolf.   13. Onkel Karl besucht uns öfter als Onkel Thomas.   14. Der Engländer pfeift lauter als der Franzose.   15. Deine Kinder helfen weniger als meine Kinder.   16. Der Richter spricht länger darüber als der Rechtsanwalt.   17. Du beklagst dich mehr als deine Schwester.   18. Herr Keller kommt später als seine Frau.   19. Im Winter schläft man schlechter als im Sommer.   20. Sabine steht früher als Monika auf.

14·6   1. b   2. a   3. c   4. b   5. b   6. a   7. a   8. b   9. a   10. d

15 Superlative adjectives and adverbs

15·1   1. am breitesten   2. am kürzesten   3. am langsamsten   4. am langweiligsten   5. am dekorativsten   6. am billigsten   7. am kältesten   8. am dunkelsten   9. am klügsten   10. am teuersten   11. am längsten   12. am nettesten   13. am ärmsten   14. am reichsten   15. am hübschesten

15·2   1. am schlechtesten   2. am besten   3. am schnellsten   4. am hässlichsten   5. am jüngsten   6. am engsten   7. am kühlsten   8. am dünnsten   9. am dicksten   10. am sorgfältigsten   11. am wenigsten   12. am heißesten   13. am meisten   14. am höchsten   15. am ehesten

15·3   1. Ist deine jüngste Tochter an der Uni?   2. Kurt löst das schwierigste Problem.   3. Niemand hat den ärmsten Leuten geholfen.   4. Ihre Stimme war am besten.   5. Er konnte am lautesten singen.   6. Diese Geschichte war am traurigsten.   7. Wohnt ihr noch im größten Haus?   8. Sein schlechtestes Gedicht erzählte von seiner Mutter.   9. Hoffentlich kommt Bus Nummer 8 am ehesten.   10. Ihr längster Roman heißt *Und Ewig Singen die Wälder*.

15·4   1. Comparative: das bessere Kind Superlative: das beste Kind   2. Positive: viel Geld Superlative: das meiste Geld   3. Positive: schnell laufen Comparative: schneller laufen   4. Comparative: lauter lachen Superlative: am lautesten lachen   5. Positive: die gute Idee Superlative: die beste Idee   6. Positive: Es ist nah. Comparative: Es ist näher.   7. Comparative: die kleineren Kinder Superlative: die kleinsten Kinder   8. Positive: Das Gebäude ist hoch. Superlative: Das Gebäude ist am höchsten.   9. Positive: im dunklen Zimmer Comparative: im dunkleren Zimmer   10. Comparative: die stärkeren Männer Superlative: die stärksten Männer

15·5   1. b   2. a   3. a   4. d   5. a   6. b   7. a   8. b   9. c   10. d

16 Verbs with mixed conjugations

16·1

1. brennen
   ich brenne
   du brennst
   wir brennen
   man brennt
2. wenden
   ich wende
   er wendet
   niemand wendet
   die Frauen wenden
3. denken
   ihr denkt
   du denkst
   sie denkt
   Sie denken
4. bringen
   ihr bringt
   sie bringen
   alle bringen
   mein Freund bringt
5. wissen
   ich weiß
   er weiß
   sie wissen
   ihr wisst
6. kennen
   ihr kennt
   sie kennt
   alle kennen
   du kennst

16·2

1. nennen
   ich nannte
   du nanntest
   wir nannten
   man nannte
2. senden
   ich sandte
   er sandte
   niemand sandte
   die Frauen sandten
3. denken
   ihr dachtet
   du dachtest
   sie dachte
   Sie dachten
4. bringen
   ihr brachtet
   sie brachten
   alle brachten
   mein Freund brachte
5. wissen
   ich wusste
   er wusste
   sie wussten
   ihr wusstet
6. kennen
   ihr kanntet
   sie kannte
   alle kannten
   du kanntest

16·3 1. Brachte er eine gute Nachricht? 2. Ich weiß, dass sie krank ist. 3. Man nennt hohe Häuser Wolkenkratzer. 4. Die ganze Fabrik brannte. 5. Sie dachte oft an ihre Heimat. 6. Warum wandtest du dich um? 7. Wir kennen seine Gäste nicht. 8. Martin sendet uns viele Grüße. 9. Das alte Pferd rannte nicht. 10. Der Briefträger bringt die Post. 11. Die alte Frau denkt an ihre Jugend. 12. Ich wusste die Hausnummer nicht mehr. 13. Er brachte mir schöne Blumen. 14. Kannten Sie den neuen Lehrer? 15. Das nannte ich einfach absurd.

16·4 1. Past: Dachtest du an deine Mutter? Present perfect: Hast du an deine Mutter gedacht? Future: Wirst du an deine Mutter denken? 2. Present: Er bringt mir die Zeitung. Present perfect: Er hat mir die Zeitung gebracht. Future: Er wird mir die Zeitung bringen. 3. Present: Sie rennt viel schneller. Past: Sie rannte viel schneller. Future: Sie wird viel schneller rennen. 4. Present: Wir wenden uns an die Polizei. Past: Wir wandten uns an die Polizei. Present perfect: Wir haben uns an die Polizei gewandt. 5. Past: Wusste er die Adresse? Present perfect: Hat er die Adresse gewusst? Future: Wird er die Adresse wissen? 6. Present: Kennen Sie die Ausländer? Present perfect: Haben Sie die Ausländer gekannt? Future: Werden Sie die Ausländer kennen? 7. Present: Es brennt im Stadtzentrum. Past: Es brannte im Stadtzentrum. Future: Es wird im Stadtzentrum brennen. 8. Present: Sie denkt nicht mehr daran. Past: Sie dachte nicht mehr daran. Present perfect: Sie hat nicht mehr daran gedacht. 9. Past: Alle nannten sie Geli. Present perfect: Alle haben sie Geli genannt. Future: Alle werden sie Geli nennen. 10. Present: Onkel Peter sendet mir fünfzig Euro. Present perfect: Onkel Peter hat mir fünfzig Euro gesandt. Future: Onkel Peter wird mir fünfzig Euro senden.

17 Numbers and numerals

17·1 1. achtundvierzig 2. elf 3. neunzehn 4. siebzehn 5. siebenundzwanzig 6. zweiundsechzig 7. (ein)hundertfünfundneunzig 8. zweihunderteinunddreißig 9. fünfhundertzwanzig 10. (ein) tausendsechshundertsechsundsechzig 11. zweiunddreißigtausendsiebenhundertfünfundzwanzig 12. acht Millionen 13. siebenhunderttausendeinhunderteins 14. zwölf 15. eins

17·2 1. Achtzig plus neun ist neunundachtzig. 2. Fünf und eins ist sechs. 3. Dreiunddreißig minus fünf ist achtundzwanzig. 4. Achtzehn geteilt durch drei ist sechs. 5. Zwölf mal drei ist achtunddreißig. 6. Wie viel ist hundert plus fünfzig? Hundert plus fünfzig ist hundertfünfzig. 7. Neunundneunzig weniger vierzig ist neunundfünfzig. 8. Zweihundert geteilt durch zwanzig ist zehn. 9. Elf mal sechs ist sechsundsechzig. 10. Siebzehn minus siebzehn ist null.

17·3 1. Wie viel ist zweiundzwanzig geteilt durch zwei? Zweiundzwanzig geteilt durch zwei ist elf. 2. Wie viel ist vierzehn mal fünf? Vierzehn mal fünf ist siebzig. 3. Wie viel ist hundert plus/und zweiundzwanzig? Hundert plus/und zweiundzwanzig ist hundertzweiundzwanzig. 4. Wie viel ist neun geteilt durch drei? Neun geteilt durch drei ist drei. 5. Wie viel ist sechsundsechzig minus/weniger fünfzehn? Sechsundsechzig minus/weniger fünfzehn ist einundfünfzig. 6. Wie viel ist hundertfünfzig plus/und vier? Hundertfünfzig plus/und vier ist hundertvierundfünfzig. 7. Wie viel ist zwölf mal zehn? Zwölf mal zehn ist (ein)hundertzwanzig. 8. Wie viel ist neunundneunzig minus/weniger achtzig? Neunundneunzig minus/weniger achtzig ist neunzehn. 9. Wie viel ist zweihundertzehn plus/und fünf? Zweihundertzehn plus/und fünf ist zweihundertfünfzehn. 10. Wie viel ist dreißig geteilt durch fünfzehn? Dreißig geteilt durch fünfzehn ist zwei.

17·4 1. Wie viel kostet dieses Buch? Dieses Buch kostet acht Euro fünfzig Cent. 2. Wie viel kostet dieses Auto? Dieses Auto kostet zwanzigtausend Euro. 3. Wie viel kostet ihr Pullover? Ihr Pullover kostet vierzehn Euro fünfundsiebzig Cent. 4. Wie viel kostet der Fernsehapparat? Der Fernsehapparat kostet vierhundertneunundneunzig Euro. 5. Wie viel kosten diese Lampen? Diese Lampen kosten sechsundsechzig Euro neunzig Cent.

17·5 1. Wie alt ist deine Großmutter? Meine/Deine Großmutter ist sechsundachtzig Jahre alt. 2. Wie alt sind die Mädchen? Die Mädchen sind achtzehn Jahre alt. 3. Wie alt ist dieser Wagen? Dieser Wagen ist zehn Monate alt. 4. Wie alt ist die Burg? Die Burg ist zweihundert Jahre alt. 5. Wie alt sind die Zwillinge? Die Zwillinge sind fünf Monate alt. 6. Wie alt sind seine Eltern? Seine Eltern sind einundfünfzig Jahre alt. 7. Wie alt bist du? Ich bin/Du bist dreißig Jahre alt. 8. Wie alt sind diese Häuser? Diese Häuser sind siebenundsechzig Jahre alt. 9. Wie alt sind die Welpen? Die Welpen sind vier Wochen alt. 10. Wie alt sind diese Schüler? Diese Schüler sind acht Jahre alt.

17·6 1. Karls zweiter Sohn ist elf Jahre alt. 2. Am fünften Tag ist er endlich nach Hause gekommen. 3. Wann ist die erste Prüfung? 4. Im neunten Monat ist das Kind geboren. 5. Sitzen wir in der elften Reihe? 6. Schiller lebte im achtzehnten Jahrhundert. 7. Wilhelm wurde im neunzehnten Jahrhundert Kaiser. 8. Konrad Adenauer ist im zwanzigsten Jahrhundert gestorben. 9. Sie ist am einunddreißigsten Januar nach Berlin geflogen. 10. Im dritten Monat dieses Jahres wird sie vierzig Jahre alt.

17·7 1. a 2. b 3. d 4. b 5. d 6. b 7. a 8. d 9. b 10. a 11. c 12. b 13. a 14. c 15. d

18 Relative pronouns

18·1 1. Das ist die Lehrerin, die mir helfen wird. 2. Das Land, das ich liebe, ist meine Heimat. 3. Es war einmal eine Königin, die eine hübsche Tochter hatte. 4. Wo ist der Hund, der so laut bellt? 5. Seht ihr die Vögel, die so schön singen? 6. Sie haben die Weingläser verloren, die sehr teuer waren. 7. Warum kaufst du das Pferd, das alt und krank ist? 8. Wir besuchten unsere Verwandten, die in Leipzig wohnten. 9. Erik hat einen Fernsehapparat, der einen großen Bildschirm hat. 10. Ihr Sohn, der neun Jahre alt wird, hat morgen Geburtstag.

18·2 1. Sie findet das Kleid, das sie gestern gekauft hat. Sie findet die Briefmarken, die sie gestern gekauft hat. Sie findet den Hut, den sie gestern gekauft hat. 2. Kennen Sie den Ausländer, der in Darmstadt wohnt? Kennen Sie die Studenten, die in Darmstadt wohnen? Kennen Sie die Studentin, die in Darmstadt wohnt? 3. Ich begegnete einer Dame, deren Vater gestorben ist. Ich begegnete den Brüdern, deren Vater gestorben ist. Ich begegnete einem Kind, dessen Vater gestorben ist. 4. Das sind die Leute, von denen ich das Geschenk bekommen habe. Das ist der Richter, von dem ich das Geschenk bekommen habe. Das sind unsere Gäste, von denen ich das Geschenk bekommen habe. 5. Die Männer, für die wir gearbeitet haben, sind nach Bonn gezogen. Der Engländer, für den wir gearbeitet haben, ist nach Bonn gezogen. Das Mädchen, für das wir gearbeitet haben, ist nach Bonn gezogen.

18·3   1. Ich habe den Roman, den Karl übersetzen will.   2. Ich habe den Roman, von dem viele Leute begeistert sind.   3. Ich habe den Roman, dessen Schriftsteller Hesse war.   4. Sabine spielte mit den Kindern, über die der Reporter geschrieben hat.   5. Sabine spielte mit den Kindern, deren Eltern krank waren. 6. Sabine spielte mit den Kindern, nach denen der Lehrer fragte.   7. Die Witwe, deren Mann vor zwei Monaten gestorben ist, wohnt jetzt in Bayern.   8. Die Witwe, der niemand helfen wollte, wohnt jetzt in Bayern.   9. Die Witwe, für die ihre Kinder nicht sorgen können, wohnt jetzt in Bayern.   10. Sie erzählte von einem König, der vier starke Söhne hatte.   11. Sie erzählte von einem König, den das Volk sehr liebte. 12. Sie erzählte von einem König, dessen Tochter goldene Haare hatte.   13. Stefan fotografiert die Soldaten, die der Bürgermeister des Dorfes hasst.   14. Stefan fotografiert die Soldaten, von denen niemand sprechen will.   15. Stefan fotografiert die Soldaten, die tapfer im Kampf waren.

18·4   1. Sie findet das Kleid, welches sie gestern gekauft hat. Sie findet die Briefmarken, welche sie gestern gekauft hat. Sie findet den Hut, welchen sie gestern gekauft hat.   2. Kennen Sie den Ausländer, welcher in Darmstadt wohnt? Kennen Sie die Studenten, welche in Darmstadt wohnen? Kennen Sie die Studentin, welche in Darmstadt wohnt?   3. Ich begegnete einer Dame, deren Vater gestorben ist. Ich begegnete den Brüdern, deren Vater gestorben ist. Ich begegnete einem Kind, dessen Vater gestorben ist.   4. Das sind die Leute, von welchen ich das Geschenk bekommen habe. Das ist der Richter, von welchem ich das Geschenk bekommen habe. Das sind unsere Gäste, von welchen ich das Geschenk bekommen habe.   5. Die Männer, für welche wir gearbeitet haben, sind nach Bonn gezogen. Der Engländer, für welchen wir gearbeitet haben, ist nach Bonn gezogen. Das Mädchen, für welches wir gearbeitet haben, ist nach Bonn gezogen.

18·5   *Sample answers are provided.*   1. Er besuchte seinen Onkel, der ein Haus in Hamburg hat.   2. Der Kaufmann, dem ich im Restaurant begegnete, reist sehr weit.   3. Erik verkaufte die Bücher, die er nicht mehr braucht.   4. Kennen Sie die Amerikanerin, deren Bruder Diplomat ist?   5. Die Künstlerin, von der ich dir erzählte, ist gestorben.   7. Heidelberg ist eine Stadt, die für ihre Schönheit berühmt ist.   8. Die Herren, mit denen wir sprechen, sind Ausländer.   9. Die Leute, deren Kinder so jung sind, sind umgezogen.   10. Frau Benz ist jetzt eine Witwe, deren Mann sehr lange krank war.   11. Der Aufsatz, welchen Sabine schreibt, ist schwer.   12. Die Polizei fand die Wanderer, welche in den Bergen verloren waren.   13. Der Wagen, welchen Frau Keller kauft, ist ein BMW.   14. Wir wohnen in einem Land, welches viele Touristen besuchen.   15. Viele helfen dem Jungen, dessen Eltern arm sind.   16. Ist das das Pferd, welches Herr Kamps verkaufen will?   17. Ich sehe das Fenster, welches Thomas zerbrochen hat.   18. Mein Nachbar, mit welchem ich oft Karten spiele, ist krank geworden.   19. Er sitzt auf einem Stuhl, welcher hundert Jahre alt ist.   20. Wir begegneten der Richterin, deren Bruder Taschendieb ist.

19   Passive voice

19·1   1. Past: Der Anzug wurde von dem Schneider genäht. Present perfect: Der Anzug ist von dem Schneider genäht worden. Future: Der Anzug wird von dem Schneider genäht werden.   2. Present: Von wem wird das Haus gebaut? Present perfect: Von wem ist das Haus gebaut worden? Future: Von wem wird das Haus gebaut werden?   3. Present: Die Schüler werden von dem Lehrer unterrichtet. Past: Die Schüler wurden von dem Lehrer unterrichtet. Future: Die Schüler werden von dem Lehrer unterrichtet werden.   4. Present: Die neue Übung wird von ihr gelesen. Past: Die neue Übung wurde von ihr gelesen. Present perfect: Die neue Übung ist von ihr gelesen worden.   5. Past: Ein Glas Wein wurde von dem Kellner gebracht. Present perfect: Ein Glas Wein ist von dem Kellner gebracht worden. Future: Ein Glas Wein wird von dem Kellner gebracht werden.   6. Present: Kleider und Blusen werden von ihr verkauft. Present perfect: Kleider und Blusen sind von ihr verkauft worden. Future: Kleider und Blusen werden von ihr verkauft werden.   7. Present: Die alte Kirche wird von den Touristen besucht. Past: Die alte Kirche wurde von den Touristen besucht. Future: Die alte Kirche wird von den Touristen besucht werden.   8. Present: Die Wörter werden von der Schülerin gelernt. Past: Die Wörter wurden von der Schülerin gelernt. Present perfect: Die Wörter sind von der Schülerin gelernt worden.   9. Past: Die Fenster wurden von meiner Tante aufgemacht. Present perfect: Die Fenster sind von meiner Tante aufgemacht worden. Future: Die Fenster werden von meiner Tante aufgemacht werden.   10. Present: Wer wird von ihnen verhaftet? Present perfect: Wer ist von ihnen verhaftet worden? Future: Wer wird von ihnen verhaftet werden?

19·2   1. Neue Schuhe wurden von dem Studenten gebraucht.   2. Ein belegtes Brot wurde von der Malerin gegessen.   3. Die Pferde wurden von diesen Männern dressiert.   4. Diese Gedichte sind von einer neuen Dichterin geschrieben worden.   5. Die Lehrbücher werden von den Kindern gelesen werden.   6. Die Ausländer sind von meinen Eltern eingeladen worden.   7. Eine neue Werkstatt wird von ihnen gebaut werden.   8. Die Arbeit wurde von den Arbeitern beendet.   9. Ein Kuchen wird von meiner Großmutter gebacken.   10. Die Kinder sind von Herrn Keller gerufen worden.   11. Die Tiere werden von dem

Fleischer geschlachtet werden.   12. Die Schweine werden von dem Bauern aufgezogen.   13. Drei Flaschen Wein sind von dem Gast bestellt worden.   14. Viele Sprachen werden von einem Gelehrten erlernt.   15. Der alte Wagen wird von den Mechanikern repariert werden.   16. Das Baby wurde von meiner Frau gefüttert.   17. Ein Hammer und eine Säge sind von dem Tischler benutzt worden.   18. Einige Angestellte werden von Frau Schäfer entlassen.   19. Das große Zimmer wird von den Studentinnen gemietet werden.   20. Die Fahrkarten sind von Felix wieder vergessen worden.

19·3   1. von einem Wolf   2. durch ein Gewitter   3. durch einen Waldbrand   4. durch einen Virus   5. von einem Fremden

19·4   1. Past: Ihr wurde von niemandem geglaubt. Present perfect: Ihr ist von niemandem geglaubt worden. Future: Ihr wird von niemandem geglaubt werden.   2. Present: Dem Herrn wird für seine Hilfe von uns gedankt. Present perfect: Dem Herrn ist für seine Hilfe von uns gedankt worden. Future: Dem Herrn wird für seine Hilfe von uns gedankt werden.   3. Present: Den Schülern wird von dem Lehrer gratuliert. Past: Den Schülern wurde von dem Lehrer gratuliert. Future: Den Schülern wird von dem Lehrer gratuliert werden.   4. Present: Der Gesundheit wird durch Rauchen geschadet. Past: Der Gesundheit wurde durch Rauchen geschadet. Present perfect: Der Gesundheit ist durch Rauchen geschadet worden.   5. Past: Den Touristen wurde von dem Dieb gedroht. Present perfect: Den Touristen ist von dem Dieb gedroht worden. Future: Den Touristen wird von dem Dieb gedroht werden.   6. Present: Dem Professor wird nicht von den Studenten widersprochen. Present perfect: Dem Professor ist nicht von den Studenten widersprochen worden. Future: Dem Professor wird nicht von den Studenten widersprochen werden.   7. Present: Der alten Dame wird von ihm geschmeichelt. Past: Der alten Dame wurde von ihm geschmeichelt. Future: Der alten Dame wird von ihm geschmeichelt werden.   8. Present: Uns wird immer von ihnen vertraut. Past: Uns wurde immer von ihnen vertraut. Present perfect: Uns ist immer von ihnen vertraut worden.   9. Past: Den verlorenen Kindern wurde von dem Polizisten geholfen. Present perfect: Den verlorenen Kindern ist von dem Polizisten geholfen worden. Future: Den verlorenen Kindern wird von dem Polizisten geholfen werden.   10. Past: Dem König wurde von einem jungen Mädchen gedient. Present perfect: Dem König ist von einem jungen Mädchen gedient worden. Future: Dem König wird von einem jungen Mädchen gedient werden.

19·5   1. Mir wurden Blumen von ihr gebracht. Blumen wurden mir von ihr gebracht.   2. Der Amerikanerin ist ein Teller Suppe von Thomas bestellt worden. Ein Teller Suppe ist der Amerikanerin von Thomas bestellt worden.   3. Das Museum wird von den Touristen fotografiert werden.   4. Der armen Frau wird Geld von Vielen geschickt. Geld wird der armen Frau von Vielen geschickt.   5. Ihr wurde eine kleine Überraschung von mir gegeben. Eine kleine Überraschung wurde ihr von mir gegeben.   6. Ihnen sind die Bücher von der Lehrerin ausgeteilt worden. Die Bücher sind ihnen von der Lehrerin ausgeteilt worden.   7. Uns wird ein Fernsehapparat von unserem Sohn geschenkt werden. Ein Fernsehapparat wird uns von unserem Sohn geschenkt werden.   8. Ihm werden viele E-Mails von seiner Cousine gesandt. Viele E-Mails werden ihm von seiner Cousine gesandt.   9. Seiner Tochter wird ein Wagen von ihm gekauft werden. Ein Wagen wird seiner Tochter von ihm gekauft werden.   10. Uns wurden die Gemälde von der Malerin gezeigt. Die Gemälde wurden uns von der Malerin gezeigt.

19·6   1. b   2. a   3. a   4. a   5. a   6. d   7. b   8. d   9. d   10. b   11. a   12. d   13. d   14. c   15. a

20   Infinitive clauses

20·1   1. Es wird unmöglich sein, eine Amerikareise zu machen.   2. Es wird unmöglich sein, genug Geld zu verdienen.   3. Es wird unmöglich sein, heute Abend spazieren zu gehen.   4. Es wird unmöglich sein, mit euch zu frühstücken.   5. Es wird unmöglich sein, die ganze Stadt zu besichtigen.   6. Es ist notwendig, einen anderen Brief zu schreiben.   7. Es ist notwendig, zwei fremde Sprachen zu erlernen.   8. Es ist notwendig, die Kinder richtig zu erziehen.   9. Es ist notwendig, die Stadt besser zu verwalten.   10. Es ist notwendig, das lange Gedicht jeden Tag zu wiederholen.   11. Es ist sehr gesund, täglich joggen zu gehen.   12. Es ist sehr gesund, früh aufzustehen.   13. Es ist sehr gesund, die Ruhe zu behalten.   14. Es ist sehr gesund, ohne Salz und Fett zu kochen.   15. Es ist sehr gesund, das Rauchen aufzugeben.

20·2   1. Es war Schade, das Spiel verloren zu haben.   2. Es war Schade, den Mann entlassen zu haben.   3. Es war Schade, nach Schweden ziehen zu müssen.   4. Es war Schade, zu viel Geld ausgegeben zu haben.   5. Es war Schade, vergebens so weit gefahren zu sein.   6. Es war eine gute Idee, an eine Universität zu gehen.   7. Es war eine gute Idee, einen guten Job zu finden.   8. Es war eine gute Idee, gesund und froh zu bleiben.   9. Es war eine gute Idee, zwei musikalische Instrumente spielen zu können.   10. Es war eine gute Idee, ein neues Kleid machen zu lassen.

20·3 1. Ich vergesse, von meiner Europareise zu erzählen.   2. Wir haben versucht, mit dem Bürgermeister zu sprechen.   3. Meine Eltern hoffen, jeden Abend spazieren gehen zu können.   4. Du musst aufhören, mit den kleinen Welpen zu spielen.   5. Sie fangen an, früh am Morgen zu arbeiten.   6. Ich hoffe, in den Ferien länger schlafen zu können.   7. Niemand versucht, dem entlaufenden Taschendieb zu folgen.   8. Sabine will nicht aufhören, mit ihrem Freund zu tanzen.   9. Die Großeltern wünschen sehr, ihre Kinder und Enkel in Bremen zu besuchen.   10. Tina hat vergessen, ein Geschenk mitzubringen.

20·4 *Sample answers are provided.*   1. Fleißig zu arbeiten ist notwendig. Immer pünktlich anzukommen ist notwendig.   2. In Heidelberg zu studieren war nicht leicht. Die großen Koffer zu tragen war nicht leicht.   3. Erik hat mir versprochen eine Ansichtskarte zu schicken. Erik hat mir versprochen Onkel Heinz in München zu besuchen.   4. Kleine Sabine träumt davon Schauspielerin zu werden. Kleine Sabine träumt davon einmal ins Ausland fahren zu können.   5. Freuen Sie sich darauf wieder nach Kanada zu reisen? Freuen Sie sich darauf einen Job in Basel zu finden?

20·5 *Sample answers are provided.*   1. Er sieht den ganzen Abend fern, anstatt ins Bett zu gehen.   2. Er sieht den ganzen Abend fern, anstatt einen Brief an Oma zu schreiben.   3. Er sieht den ganzen Abend fern, anstatt ins Lokal zu gehen.   4. Er sieht den ganzen Abend fern, anstatt den neuen Roman zu lesen.   5. Er sieht den ganzen Abend fern, anstatt die Küche sauber zu machen.   6. Die Touristen sind nach Hause gefahren, ohne Abschied von uns zu nehmen.   7. Die Touristen sind nach Hause gefahren, ohne ihre Pässe mitzunehmen.   8. Die Touristen sind nach Hause gefahren, ohne die Fahrkarten zu kaufen.   9. Die Touristen sind nach Hause gefahren, ohne den alten Dom besichtigt zu haben.   10. Die Touristen sind nach Hause gefahren, ohne Frau Kamps kennengelernt zu haben.   11. Tina und Felix müssen viel arbeiten, um mehr Geld zu verdienen.   12. Tina und Felix müssen viel arbeiten, um ein Haus in Oldenburg zu kaufen.   13. Tina und Felix müssen viel arbeiten, um eine Garage bauen lassen zu können.   14. Tina und Felix müssen viel arbeiten, um für meine lange Krankheit zu bezahlen.   15. Tina und Felix müssen viel arbeiten, um den Sommer in Italien zu verbringen.   16. Stefan wird nicht vergessen, seinen Cousin vom Bahnhof abzuholen.   17. Stefan wird nicht vergessen, einkaufen zu gehen.   18. Stefan wird nicht vergessen, Brot und Milch zu kaufen.   19. Stefan wird nicht vergessen, den Fernsehapparat reparieren zu lassen.   20. Stefan wird nicht vergessen, drei Glas Bier zu bestellen.   21. Meine Mutter träumt davon Schriftstellerin zu werden.   22. Meine Mutter träumt davon einmal nach Afrika zu reisen.   23. Meine Mutter träumt davon wieder ganz gesund zu sein.   24. Meine Mutter träumt davon ihren ältesten Sohn wieder umarmen zu können.   25. Meine Mutter träumt davon eine moderne Küche zu haben.

21 Subjunctive mood

21·1 1. Der Reporter berichtete, dass die Kanzlerin eine Reise nach Russland mache.   2. Der Reporter berichtete, dass die Touristen in der Hauptstadt gewesen seien.   3. Der Reporter berichtete, dass der Dieb gestern Abend verhaftet worden sei.   4. Der Reporter berichtete, dass die deutsche Wirtschaft immer stärker werde.   5. Die Dame hat gefragt, ob er das Problem verstanden habe.   6. Die Dame hat gefragt, ob Ihr Sohn auch spielen wolle.   7. Die Dame hat gefragt, ob die Gäste noch im Wohnzimmer seien.   8. Die Dame hat gefragt, ob du so laut singen müssest.   9. Jemand fragte, wo Frau Keller jetzt arbeite.   10. Jemand fragte, warum Felix so viele Schulden habe.   11. Jemand fragte, wohin dein Bruder fahre.   12. Jemand fragte, wie viel Geld der reiche Herr ausgebe.   13. Sie sagte, dass Lars wieder sehr krank geworden sei.   14. Sie sagte, dass die laute Musik sie störe.   15. Sie sagte, dass ihr Mann seinen Pass vergessen werde.   16. Sie sagte, dass das Unwetter bald aufhören solle.   17. Der Reiseführer hat uns erzählt, dass die alte Burg vor hundert Jahren zerstört worden sei.   18. Der Reiseführer hat uns erzählt, dass der letzte König in der Burg gewohnt habe.   19. Der Reiseführer hat uns erzählt, dass ein neues Theater neben dem Rathaus gebaut werde.   20. Der Reiseführer hat uns erzählt, dass man im Garten spazieren könne.

21·2 1. Frau Schneider teilte mit, dass mein Bruder vor einem Jahr in Afrika gewesen sei.   2. Frau Schneider teilte mit, dass der neue Professor aus Amerika gekommen sei.   3. Frau Schneider teilte mit, dass der Gast noch nicht gefrühstückt habe.   4. Frau Schneider teilte mit, dass die Ausländer zu lange im Museum geblieben seien.   5. Frau Schneider teilte mit, dass das Mädchen zu wenig Geld gehabt habe.   6. Der Richter hat geschrieben, dass niemand dieses Gebiet habe betreten dürfen.   7. Der Richter hat geschrieben, dass der Fluss viel Land überschwemmt habe.   8. Der Richter hat geschrieben, dass meine Frau sich nicht an die Seeluft gewöhnt habe.   9. Der Richter hat geschrieben, dass der Verbrecher seine Rechte verloren habe.   10. Der Richter hat geschrieben, dass es nichts Schöneres als den Anblick der Berge gäbe.

21·3

1. schlafen

subjunctive I	subjunctive II
ich schlafe	schliefe
du schlafest	schliefest
er schlafe	schliefe
wir schlafen	schliefen
ihr schlafet	schliefet
sie schlafen	schliefen

2. reisen

subjunctive I	subjunctive II
reise	reiste
reisest	reistest
reise	reiste
reisen	reisten
reiset	reistet
reisen	reisten

3. austrinken

ich trinke aus	tränke aus
du trinkest aus	tränkest aus
er trinke aus	tränke aus
wir trinken aus	tränken aus
ihr trinket aus	tränket aus
sie trinken aus	tränken aus

4. vergessen

vergesse	vergässe
vergessest	vergässest
vergesse	vergässe
vergessen	vergässen
vergesset	vergässet
vergessen	vergässen

5. wissen

ich wisse	wüsste
du wissest	wüsstest
er wisse	wüsste
wir wissen	wüssten
ihr wisset	wüsstet
sie wissen	wüssten

6. aufmachen

mache auf	machte auf
machest auf	machtest auf
mache auf	machte auf
machen auf	machten auf
machet auf	machtet auf
machen auf	machten auf

7. denken

ich denke	dächte
du denkest	dächtest
er denke	dächte
wir denken	dächten
ihr denket	dächtet
sie denken	dächten

8. abfahren

fahre ab	führe ab
fahrest ab	führest ab
fahre ab	führe ab
fahren ab	führen ab
fahret ab	führet ab
fahren ab	führen ab

9. erwarten

ich erwarte	erwartete
du erwartest	erwartetest
er erwarte	erwartete
wir erwarten	erwarteten
ihr erwartet	erwartetet
sie erwarten	erwarteten

10. dürfen

dürfe	dürfte
dürfest	dürftest
dürfe	dürfte
dürfen	dürften
dürfet	dürftet
dürfen	dürften

21·4 1. Der Arzt fragte, ob sie ein Rezept dafür hätten.   2. Der Arzt fragte, ob ich einen Preis gewonnen hätte.   3. Der Arzt fragte, ob wir unsere Verwandten besuchen würden.   4. Der Arzt fragte, ob die Sportler schon auf dem Sportplatz seien.   5. Der Arzt fragte, ob ich nur Deutsch spräche.   6. Herr Benz antwortete, dass die Männer Überstunden machten.   7. Herr Benz antwortete, dass diese Bücher ihm gehörten.   8. Herr Benz antwortete, dass die älteren Schüler im Wald wanderten.   9. Herr Benz antwortete, dass Sonne und Meer jeden Menschen gesund machten.   10. Herr Benz antwortete, dass wir um vier Uhr abreisen würden.

21·5 1. Der neue Student hat gefragt, woher wir darüber wüssten.   2. Der neue Student hat gefragt, warum sie die Vorträge nicht besucht hätte.   3. Der neue Student hat gefragt, was man mit 200. Euro kaufen könnte.   4. Der neue Student hat gefragt, wie lange das Theaterstück gedauert hätte.   5. Der neue Student hat gefragt, wem du diesen alten Laptop schenken wolltest.   6. Doktor Frank erzählte, dass seine Geschichte total richtig gewesen wäre.   7. Doktor Frank erzählte, dass die Studentin aus Frankreich leider durchgefallen wäre.   8. Doktor Frank erzählte, dass viele Einwohner des Dorfes dadurch krank werden würden.   9. Doktor Frank erzählte, dass er dem Diplomaten aus Asien nicht geglaubt hätte.   10. Doktor Frank erzählte, dass sein Sohn mit dem Präsidenten ins Gespräch gekommen wäre.

21·6 *Sample answers are provided.*   1. Wenn der Neue nur ein bisschen schneller arbeiten könnte!   2. Wenn ich nur reich wäre!   3. Wenn mein Sohn einen guten Job hätte!   4. Wenn wir unsere Eltern besuchen könnten!   5. Wenn Sabine mich liebte!

21·7 1. Wenn Martin Deutsch spräche, könnte er mit seinem Urgroßvater sprechen.   2. Wenn sie damals gesund gewesen wären, hätte sie den Arzt nicht gebraucht.   3. Wenn Lars es gewusst hätte, hätte er nicht gefragt.   4. Wenn wir im Lotto gewönnen, würden wir ein neues Haus in der Stadt kaufen.   5. Wenn er ihr helfen könnte, würde sie sehr dankbar sein.   6. Wenn du Flügel hättest, könntest du wie ein Vogel fliegen.   7. Wenn Erik den Bürgermeister getroffen hätte, hätte er mit ihm darüber gesprochen.   8. Wenn sie mehr arbeiteten, würden sie mehr Geld verdienen.   9. Wenn das Wetter schlecht gewesen wäre, wäre ich nicht aufs Land gefahren.   10. Wenn die Studentin aufmerksam wäre, würde sie keine Fehler machen.

21·8   1. Der Gast machte ein Gesicht, als ob die Suppe nicht gut schmeckte.   2. Der Gast machte ein Gesicht, als ob er sehr traurig wäre.   3. Der Gast machte ein Gesicht, als ob er sie falsch verstünde.   4. Der Gast machte ein Gesicht, als ob der Gastgeber unhöflich gewesen wäre.   5. Der Gast machte ein Gesicht, als ob das Essen zu scharf wäre.   6. Mein Bruder führt ein Leben, als wenn er reich geworden wäre.   7. Mein Bruder führt ein Leben, als wenn unser Vater Millionär wäre.   8. Mein Bruder führt ein Leben, als wenn man von Wein und Bier leben könnte.   9. Mein Bruder führt ein Leben, als wenn seine Gesundheit nie ein Ende haben könnte.   10. Mein Bruder führt ein Leben, als wenn er keine Freunde mehr hätte.

22   Sentence writing

22·1   1. Die neue Lehrerin wohnt in der Schillerstraße. Die neuen Studenten wohnen in der Schillerstraße.   2. Haben Sie einen Freund in Berlin besucht? Haben Sie Freunde in Berlin besucht?   3. Niemand hat mit dem italienischen Studenten getanzt. Niemand hat mit der italienischen Touristin getanzt.   4. Das Haus meiner Tante wurde von Herrn Schneider repariert. Das Haus meiner Schwestern wurde von Herrn Schneider repariert.   5. Er wird seinem Onkel/seinen Onkeln ein paar Rosen geben. Er wird seinen Verwandten/seiner Verwandten ein paar Rosen geben.   6. Wie lange hast du auf deine Brüder gewartet? Wie lange hast du auf deine Großmutter gewartet?   7. Ein älterer Herr stieg in der Hauptstraße aus. Ältere Leute stiegen in der Hauptstraße aus.   8. Ich brauche einen neuen Bleistift. Ich brauche eine neue Stehlampe.   9. Die Kinder laufen an die Fenster/das Fenster. Die Kinder laufen an die Mauer.   10. Wegen des Unwetters müssen wir zu Hause bleiben. Wegen der Hitzewelle müssen wir zu Hause bleiben. *Sample answers are provided for this part of the exercise.*   11. Frau Keller bekommt ein großes Paket von ihrem Mann. Frau Keller bekommt einen großen Blumenstrauß von ihrem Mann.   12. Ist das ein neues Hochhaus? Ist das eine neue Schule?   13. Der letzte Bus kommt in fünf Minuten. Die letzte Straßenbahn kommt in fünf Minuten.   14. Die Waisenkinder müssen bei ihren Großeltern wohnen. Die Waisenkinder müssen bei ihrer Tante wohnen.   15. Das rote Auto gehört einem alten Herrn. Das rote Auto gehört einer alten Freundin.

22·2   *Sample answers are provided.*   1. Das nette Mädchen ist sehr beliebt.   2. Kennst du das nette Mädchen?   3. Martin gab dem netten Mädchen eine weiße Nelke.   4. Niemand hilft dem netten Mädchen.   5. Wo sind die Bücher des netten Mädchens?   6. Ich habe einen Brief für das nette Mädchen.   7. Anstatt des netten Mädchens kam ihr Bruder.   8. Er bekam das Geschenk von dem netten Mädchen.   9. Kannst du dem netten Mädchen nicht glauben?   10. Die beste Schauspielerin ist das nette Mädchen.   11. Das nette Mädchen hat einen Roman schreiben wollen.   12. Das nette Mädchen wird von ihm eingeladen.   13. Er wurde von dem netten Mädchen geküsst.   14. Siehst du das nette Mädchen, das neben Erik sitzt?   15. Er fragte, ob das nette Mädchen eine Freundin von uns sei/wäre.

22·3   *Sample answers are provided.*   1. Unsere neuen Gäste kommen aus London.   2. Ich werde unsere neuen Gäste vorstellen.   3. Er gibt unseren neuen Gästen ihr Gepäck.   4. Sie können unseren neuen Gästen nicht glauben.   5. Die Kinder unserer neuen Gäste sind noch im Hotel.   6. Wir bemühen uns um unsere neuen Gäste.   7. Wir warten noch auf unsere neuen Gäste.   8. Der Ausländer wird bei unseren neuen Gästen übernachten.   9. Warum antwortet er unseren neuen Gästen nicht?   10. Die Party gefällt unseren neuen Gästen sehr.   11. Unsere neuen Gäste haben die Kinder singen hören.   12. Unsere neuen Gäste sind von Erik fotografiert worden.   13. Unsere Tochter wurde von unseren neuen Gästen bewundert.   14. Er spricht mit unseren neuen Gästen, die ein bisschen Deutsch können.   15. Lars hat gesagt, dass unsere neuen Gäste betrunken geworden seien/wären.

22·4   *Sample answers are provided.*   1. Die kleine Bibliothek wurde vor einem Jahr gebaut.   2. Sie müssen die kleine Bibliothek reparieren.   3. Sehen Sie die kleine Bibliothek dort drüben?   4. Die Schüler nähern sich der kleinen Bibliothek.   5. Die Leiterin der kleinen Bibliothek heißt Frau Schneider.   6. Hinter der kleinen Bibliothek ist ein schöner Park.   7. Die Jungen laufen in die kleine Bibliothek.   8. Die Goethestraße führt zu der kleinen Bibliothek.   9. Wirst du die kleine Bibliothek besuchen müssen?   10. Wegen der kleinen Bibliothek kann man hier kein Geschäft bauen.   11. Die kleine Bibliothek wird dieses Jahr umgebaut werden müssen.   12. Die kleine Bibliothek kann nicht geöffnet werden.   13. Die kleine Bibliothek ist von Erik gezeichnet worden.   14. Sie arbeitet in der kleinen Bibliothek, die mehr als hundert Jahre alt ist.   15. Sabine spricht, als ob die kleine Bibliothek Millionen von Büchern hätte.

22·5 1. Ich möchte ein Glas Bier bestellen. Wir möchten ein Glas Bier bestellen. 2. Darf ich sie vorstellen? Darf ich dich vorstellen? 3. Klaudia hat schon mit ihr geredet. Klaudia hat schon mit Ihnen geredet. 4. Ihr habt seine/eure neue Freundin mitgebracht. Du hast seine/deine neue Freundin mitgebracht. 5. Herr Keller wurde durch sie benachrichtigt. Herr Keller wurde durch euch benachrichtigt. 6. Wer hat mit dir tanzen wollen? Wer hat mit mir tanzen wollen? 7. Diese Frauen spielen gegen uns. Diese Frauen spielen gegen Sie. 8. Niemand kann ihnen glauben. Niemand kann ihr glauben. 9. Bist du wirklich Arzt geworden? Ist sie wirklich Ärztin geworden? 10. Herr Schäfer hatte dir neue Schuhe gekauft. Herr Schäfer hatte uns neue Schuhe gekauft. *Sample answers are provided for this part of the exercise.* 11. Er hat seine Bücher verloren. Sie haben ihre Bücher verloren. 12. Jemand steht an der Tür und klingelt. Wir stehen an der Tür und klingeln. 13. Wir haben ihn nie vergessen. Wir haben Sie nie vergessen. 14. Das sind ein paar Briefe von ihm. Das sind ein paar Briefe von ihnen. 15. Aber das gehört euch nicht. Aber das gehört dir nicht.

22·6 *Sample answers are provided.* 1. Ich bin sehr müde. 2. Stefan hat mich eingeladen. 3. Mein Vater gibt mir zwanzig Euro. 4. Kannst du mir damit helfen? 5. Wo sind meine Schlüssel? 6. Der junge Mann wird für mich arbeiten. 7. Der Lehrling möchte mit mir sprechen. 8. Sie hat eine Ansichtskarte von mir bekommen. 9. Können Sie mir nicht glauben? 10. Meine Eltern besuchen mich im Studentenheim. 11. Ich habe einen Anzug machen lassen. 12. Ich wurde von einem Reporter interviewt. 13. Das Bild wird von mir gemalt. 14. Meine Tante schenkte mir neue Handschuhe. 15. Er sagte, dass ich es gestohlen habe/hätte.

22·7 *Sample answers are provided.* 1. Es ist spät. 2. Es wird dir gefallen. 3. Hast du es endlich gefunden? 4. Ich werde es wahrscheinlich verkaufen. 5. Es hat seine Bleistifte verloren. 6. Der Zug wird dadurch fahren. 7. Sie haben mir damit geholfen. 8. Der teure Ring ist auch daraus. 9. Es ist wieder kalt geworden. 10. Ich weiß es, weil es in diesem Artikel erklärt worden ist. 11. Es hätte nicht geschehen sollen. 12. Es wurde von den Soldaten zerstört. 13. Es kann nicht sein. 14. Es ist nicht auf dem Tisch, sondern (es ist) in der Schublade. 15. Karl fragte, warum es so wichtig sei/wäre.

22·8 *Sample answers are provided.* 1. Wir werden nach Paris reisen. 2. Unsere Verwandten besuchen uns oft. 3. Sie haben uns noch nicht kennen gelernt. 4. Unser Nachbar ist uns im Stadtpark begegnet. 5. Kennen Sie unseren Sohn? 6. Diese Männer sprechen gegen uns. 7. Denkst du nicht mehr an uns? 8. Morgen kommen unsere Kinder zu uns. 9. Diese Instrumente gehören nicht uns. 10. Der Reiseführer zeigt uns die Gemälde. 11. Wir haben die Diplomaten streiten hören. 12. Wir werden von Herrn Benz höflich gegrüßt. 13. Der Schatz ist von uns gefunden worden. 14. Niemand brachte uns Geschenke. 15. Wenn wir mehr Zeit hätten, könnten wir ein bisschen länger bleiben.

22·9 1. Past: Die Gäste brachten Geschenke mit. Present perfect: Die Gäste haben Geschenke mitgebracht. Future: Die Gäste werden Geschenke mitbringen. 2. Present: Sind Sie in der Schweiz? Present perfect: Sind Sie in der Schweiz? Present perfect: Sind Sie in der Scweiz gewesen? Future: Werden Sie in der Schweiz sein? 3. Present: Es wird wieder regnerisch. Past: Es wurde wieder regnerisch. Future: Es wird wieder regnerisch werden. 4. Present: Niemand kann dem Soldaten helfen. Past: Niemand konnte dem Soldaten helfen. Present perfect: Niemand hat dem Soldaten helfen können. 5. Past: Tina ließ ein neues Kleid nähen. Present perfect: Tina hat ein neues Kleid nähen lassen. Future: Tina wird ein neues Kleid nähen lassen. 6. Present: Der Taschendieb wird von ihm verhaftet. Present perfect: Der Taschendieb ist von ihm verhaftet worden. Future: Der Taschendieb wird von ihm verhaftet werden. 7. Present: Ich sehe die Jungen ringen. Past: Ich sah die Jungen ringen. Future: Ich werde die Jungen ringen sehen. 8. Present: Ich beantworte deine Frage nicht. Past: Ich beantwortete deine Frage nicht. Present perfect: Ich habe deine Frage nicht beantwortet. 9. Past: Lars wiederholte das fremde Wort. Present perfect: Lars hat das fremde Wort wiederholt. Future: Lars wird das fremde Wort wiederholen. 10. Present: Sie nennen das Baby Angela. Present perfect: Sie haben das Baby Angela genannt. Future: Sie werden das Baby Angela nennen.

22·10 *Sample answers are provided.* 1. Present: Wir haben wenig Zeit. Past: Wir hatten wenig Zeit. Present perfect: Wir haben wenig Zeit gehabt. Future: Wir werden wenig Zeit haben. 2. Present: Sabine vergisst ihren Pass. Past: Sabine vergaß ihren Pass. Present perfect: Sabine hat ihren Pass vergessen. Future: Sabine wird ihren Pass vergessen. 3. Present: Er begegnet einem Freund in der Stadt. Past: Er begegnete einem Freund in der Stadt. Present perfect: Er ist einem Freund in der Stadt begegnet. Future: Er wird einem Freund in der Stadt begegnen. 4. Present: Sind Sie zu Hause? Past: Waren Sie zu Hause? Present perfect: Sind Sie zu Hause gewesen? Future: Werden Sie zu Hause sein? 5. Present: Stefan muss nach Nicaragua reisen. Past: Stefan musste nach Nicaragua reisen. Present perfect: Stefan hat nach Nicaragua reisen müssen. Future: Stefan wird nach Nicaragua reisen müssen. 6. Present: Die alten Bücher werden von ihr verkauft. Past: Die alten Bücher wurden von ihr verkauft. Present perfect: Die alten Bücher sind von ihr verkauft worden. Future: Die alten Bücher werden von ihr verkauft werden.   7. Present: Ich höre die alten Frauen singen. Past: Ich hörte die alten Frauen singen. Present perfect: Ich habe die alten Frauen singen hören. Future: Ich werde die alten Frauen singen hören.   8. Present: Können Sie ihnen helfen? Past: Konnten Sie ihnen helfen? Present perfect: Haben Sie ihnen helfen können? Future: Werden Sie ihnen helfen können?   9. Present: Ihr Onkel wird von einem Soldaten besucht. Past: Ihr Onkel wurde von einem Soldaten besucht. Present perfect: Ihr Onkel ist von einem Soldaten besucht worden. Future: Ihr Onkel wird von einem Soldaten besucht werden.   10. Present: Du wirst aber groß! Past: Du wurdest aber groß! Present perfect: Du bist aber groß geworden! Future: Du wirst aber groß werden!

22·11   *Sample answers are provided.*   1. Er tut so, als ob er mich nicht verstünde. Er tut so, als ob er die Wahrheit wüsste.   2. Herr Körner schläft auf dem Sofa, und seine Frau arbeitet in der Küche. Herr Körner schläft auf dem Sofa, und die Katze schläft auf seinem Bauch.   3. Als ich in Madrid wohnte, lernte ich ein bisschen Spanisch. Als ich noch an der Uni war, lernte ich ein bisschen Spanisch.   4. Nachdem die Gäste nach Hause gingen, musste Stefan das Geschirr abspülen. Nachdem Mutti den Boden sauber gemacht hatte, musste Stefan das Geschirr abspülen.   5. Mein Bruder hat in Bonn gearbeitet, aber seine Frau musste in Leipzig bleiben. Mein Bruder hat in Bonn gearbeitet, aber meine Schwester hat in Hamburg gearbeitet.   6. Wenn es nicht so heiß wäre, würde ich spazieren gehen. Wenn es nicht so heiß wäre, könnten wir im Garten arbeiten.   7. Ich hätte ihm damit geholfen, wenn er mich gerufen hätte. Ich hätte ihm damit geholfen, wenn ich zu Hause gewesen wäre.   8. Erik sagte, dass Monika ihn nicht mehr liebe/liebte. Erik sagte, dass Eriks Pläne schlecht seien/wären.   9. Meine Frau ist müde, weil sie nicht schlafen kann. Meine Frau ist müde, weil sie so viel gearbeitet hat.   10. Das Mädchen hat gefragt, ob wir am Montag kommen könnten. Das Mädchen hat gefragt, ob ich auch ins Kino gehen möchte.

22·12   *Sample answers are provided.*   1. Er bleibt zu Hause, weil er sehr krank ist.   2. Sie hilft uns, denn sie ist nett.   3. Wenn ich älter wäre, würde ich ein Auto kaufen.   4. Als ich in Bremen war, besuchte ich einen Onkel.   5. Ich weiß, dass Frau Kamps bei einer Bank arbeitet.   6. Wissen Sie, ob die große Ausstellung morgen beginnt?   7. Das ist ja wahr, aber die Wahrheit ist nicht immer gut.   8. Katrin tut so, als ob sie uns nicht gesehen hätte.   9. Willst du zu Hause bleiben, oder willst du heute Abend tanzen gehen?   10. Er ist wirklich nicht dumm, sondern sehr klug.

22·13   *Sample answers are provided.*   1. Sabine: Wo ist dein Bruder? Felix: Er ist im Garten und hilft meinem Vater.   2. Sabine: Ich habe gestern einen Ring von Thomas bekommen. Felix: Seid ihr jetzt verlobt?   3. Sabine: Mein Großvater hat wieder Magenschmerzen. Felix: Ist er jetzt im Krankenhaus?   4. Sabine: Möchtest du mit mir tanzen gehen? Felix: Ich möchte lieber in die Oper gehen.   5. Sabine: Willst du morgen Abend ins Kino gehen? Felix: Nein, ich muss zu Hause bleiben und lernen.   6. Sabine: Ich gehe schwimmen. Kannst du mitkommen? Felix: Leider nicht. Ich habe keine Zeit.   7. Sabine: Arbeitet deine Schwester noch in Amerika? Felix: Nein, sie hat eine neue Stellung in Toronto.   8. Sabine: Machen wir diesen Sommer eine Amerikareise! Felix: Das ist zu teuer.   9. Sabine: Vorsicht! Der Fußgängerweg ist vereist. Felix: Ja, hier ist meine Mutter heute Morgen hingefallen.   10. Sabine: Ich habe dir ein kariertes Hemd gekauft. Felix: Danke. Ich habe lange gewünscht, so ein Hemd zu haben.

22·14   *Sample answers are provided.*   1. Sabine: Ist deine Tante jetzt in Weimar? Felix: Nein, sie wohnt jetzt in Frankreich. Sabine: Ist sie noch Dolmetscherin?   2. Sabine: Mein Bruder hat sich den Arm gebrochen. Felix: Wirklich? Wie ist das denn passiert? Sabine: Er ist vom Dach gefallen.   3. Sabine: Morgen kommt mein Cousin aus Polen zu Besuch. Felix: Kannst du Polnisch? Sabine: Leider nicht. Aber er kann gut Deutsch.   4. Sabine: Mir ist langweilig. Felix: Willst du fernsehen oder Karten spielen? Sabine: Vielleicht können wir Schach spielen.   5. Sabine: Wie viel Uhr ist es? Felix: Es ist schon elf Uhr. Warum? Sabine: Um zwölf muss ich zum Bahnhof fahren.